Un México posible

Un México posible

Una visión disruptiva para transformar a México

JOSÉ ANTONIO FERNÁNDEZ C.
Y SALVADOR ALVA G.

Un México posible
Una visión disruptiva para transformar a México

Primera edición: marzo de 2018
Primera reimpresión: marzo, 2018
Segunda reimpresión: marzo, 2018

D. R. © 2017, José Antonio Fernández C.

D. R. © 2017, Salvador Alva G.

D. R. © 2018, derechos de edición mundiales en lengua castellana:
Penguin Random House Grupo Editorial, S. A. de C. V.
Blvd. Miguel de Cervantes Saavedra núm. 301, 1er piso,
colonia Granada, delegación Miguel Hidalgo, C. P. 11520,
Ciudad de México

www.megustaleer.mx

ISBN: 978-607-316-112-1

Impreso en México – *Printed in Mexico*

El papel utilizado para la impresión de este libro ha sido fabricado a partir de madera procedente
de bosques y plantaciones gestionadas con los más altos estándares ambientales, garantizando
una explotación de los recursos sostenible con el medio ambiente y beneficiosa para las personas.

Penguin
Random House
Grupo Editorial

Este libro está dedicado a todos los mexicanos que están convencidos de que México puede y debe ser un país más justo, más incluyente y con oportunidades para todos.

Un país donde sea el mérito y el esfuerzo el que determine tu vida y no el nivel socioeconómico donde naciste.

A aquellos que están comprometidos a dar el gran salto que necesitamos urgentemente para convertirnos en una economía del conocimiento.

A todos los soñadores, emprendedores y ciudadanos que con su ejemplo nos inspiran a ser cada día mejores y que están dispuestos a comprometerse por el bien común por encima de los intereses personales.

A aquellos que ven en la adversidad una oportunidad de transformarnos y cuyos pensamientos y actitudes a la vida son siempre positivos.

A aquellos que no te dicen cómo vivir pero que con su ejemplo nos enseñan el camino.

Índice

Prólogo

En 1982, México sufrió la peor crisis económica de la historia reciente. El peso mexicano perdió más de 80% de su valor en el transcurso del año, multiplicando por seis las deudas contratadas en moneda extranjera y reduciendo el ingreso de los mexicanos a la sexta parte, medido desde esa perspectiva. No sólo México sufrió ese golpe; Argentina y Brasil tampoco podían enfrentar sus obligaciones externas y, poco a poco, el resto de América Latina se hundió en una espiral inflacionaria acompañada de contracción económica: fue la década perdida que cerró un modelo económico que no tuvo éxito.

En los años noventa, mientras los países de América del Sur regresaban a la democracia, México se incorporaba, con Estados Unidos y Canadá, al primer tratado comercial moderno que sirvió de base de lo que poco a poco se llamaría "globalización", en su vertiente económica, y que en realidad promovió la construcción de bloques regionales —de éstos, el más importante ha sido la zona euro—. En los últimos años, todos estos bloques parecen estar en riesgo: el TLCAN frente a un Estados Unidos más proteccionista; la Unión Europea enfrentada al Reino Unido; el fracaso del Acuerdo Transpacífico y el incremento de tensiones en Asia.

México ha hecho grandes esfuerzos por sortear las crisis y abandonar de forma definitiva la "trampa del ingreso medio" en la que hemos estado por más de un siglo. Para eso fue el TLCAN, y para eso las reformas de 2013 y 2014, que enfrentaban la mayor parte de las recomendaciones de agencias internacionales, académicos e intelectuales en esos años: más competencia económica, un sistema financiero ágil, apertura en telecomunicaciones y energía, y renovación educativa. Algunas de esas reformas ya dan resultados iniciales y se espera que las demás lo hagan paulatinamente.

Pero no es seguro que esos cambios permitan a México salir de la trampa. Sin duda el TLCAN ha permitido que 15 entidades federativas crezcan a tasas interesantes, en algunos casos comparables a países asiáticos en esos mismos años; tampoco hay duda de que el impacto de las reformas más recientes será positivo; de lo que hay duda es que sean suficientes para romper la inercia que nos mantiene en el ingreso medio.

En esa perspectiva, las ideas que nos ofrecen José Antonio Fernández y Salvador Alva en *Un México posible. Una visión disruptiva para transformar a México* son de la mayor importancia. José Antonio y Salvador no vienen de agencias internacionales, ni su perspectiva es esencialmente académica, a pesar de las posiciones que tienen en el Tecnológico de Monterrey. La experiencia de ambos, como es notorio en el libro, tiene que ver con la transformación exitosa de organizaciones. Y esa perspectiva, ausente en tantos análisis y diagnósticos nacionales, tiene un gran valor.

Las teorías del crecimiento económico y las desarrollistas tuvieron gran auge después de la Segunda Guerra Mundial. Cubrieron un amplio abanico, desde visiones casi enteramente marxistas hasta posturas liberales, pasando por las diferentes escuelas económicas y políticas de la época. Influyeron de forma determinante en las políticas del Banco Mundial, del Banco Internacional de Desarrollo, y de decenas de gobiernos nacionales; sin embargo, sus resultados han sido poco menos que existentes. Los países que crecieron al grado de romper con la trampa del ingreso medio no siguieron las recetas teóricas, y los que las siguieron no pudieron salir de la trampa. Por eso es tan importante, de vez en cuando, desligarse de las propuestas tradicionales.

Alva y Fernández nos proponen pensar en términos aplicables: una visión compartida que entusiasme, una organización alienada y eficiente, y una cultura sólida que fortalezca y acelere la transformación. Esta propuesta no significa que las políticas de comercio exterior, o las reformas en competencia económica o mercados laborales, deban olvidarse ni mucho menos. Lo que implica es que nos demos cuenta de cómo esas reformas, y tantas otras, necesitan un hilo conductor que las haga viables y potencie sus efectos. Y ese hilo conductor es: visión, organización y cultura.

La visión que nos sugieren Alva y Fernández puede resumirse brevemente: *México, donde las cosas sí suceden. El país del sí.* Para muchos académicos acostumbrados a las tradiciones, el sólo pensar en frases les parece frívolo, pero es que no aquilatan la importancia que tiene, para una sociedad, contar con una visión compartida y clara, que no puede obtenerse estableciendo metas en las tasas de crecimiento, los porcentajes de pobreza, el coeficiente de Gini o el monto de la recaudación. Ha sido precisamente esta insistencia en las cifras lo que nos ha impedido, a México y a decenas de países, mantener una dirección clara. Sin duda, lograr esa visión implica pensar en crecimiento, pobreza, distribución y finanzas públicas, pero todo ello es tan sólo parte de lo que implica romper la trampa del ingreso medio.

La propuesta de José Antonio Fernández y Salvador Alva se compone de cuatro dimensiones de la mayor importancia:

- Talento pujante y capaz.
- Vibrante espíritu emprendedor.
- Un gran lugar para vivir.
- Un ecosistema amigable para la innovación.

En estas dimensiones es posible encontrar el pensamiento de clásicos como Joseph Schumpeter o Jane Jacobs, pero también de contemporáneos como Richard Florida, Paul Romer o sir Ken Robinson, amén de los innovadores que han transformado la economía mundial en las últimas décadas.

Me parece importante insistir en la relevancia de la propuesta. No es, como suele ocurrir con los textos más académicos o los que producen las agencias internacionales, un listado de políticas públicas específicas con metas e indicadores tradicionales. Ésta es una propuesta de visión, desglosada en estrategias, y acompañada tanto del tipo de estructura organizacional que la pueda hacer vigente como de la transformación cultural indispensable para que se dé. Es una ruta para el siglo XXI, y no una receta del siglo XX.

En este sentido, me parece que el énfasis que los autores hacen en el tema cultural es de la mayor trascendencia. Si una sociedad sigue haciendo lo mismo que ha hecho siempre, no podrá conseguir resultados diferentes. Y hacer algo distinto no requiere tan sólo de una visión, sino de una organización que sea compatible y, sobre todo, de una cultura que refuerce la visión y sostenga la organización. Vivir de otra manera exige, apelando a Paul Ricoeur, cambiar de *habitus:* transformar la cultura.

Al respecto, la propuesta contenida en *Un México posible* es impulsar un conjunto de valores que diferencien a México de otras naciones, permitiéndole alcanzar una posición competitiva. Estos valores, proponen los autores, son:

- Amabilidad y servicio.
- Innovación.
- Inclusión y meritocracia.
- Trabajo en equipo.
- Honestidad y respeto.

Es posible que tanto la amabilidad como el trabajo en equipo tengan algo de arraigo en México, y se trate sólo de fortalecer e impulsarlos. Aunque hoy muchos lo duden, honestidad y respeto también tienen una historia en nuestro país, y me parece que son rescatables. Pero innovación, inclusión y meritocracia sí implican un esfuerzo mayor, porque no parece que nos destaquemos en ello (al menos en los trabajos acerca de valores que han realizado Hofstede, Inglehart, Norris y Basañez, entre otros).

En suma, me parece que no le han faltado a México análisis y diagnósticos recomendando reformas legislativas y políticas públicas; tampoco ha faltado, como muchos creen, voluntad política para impulsarlas. Lo que falta en México, y coincido plenamente en esto con los autores, es un sentimiento de dirección que sea compatible con la realidad del siglo XXI, que pueda traducirse en esquemas organizacionales eficientes y que esté soportado por una cultura también propia del momento en que vivimos; que no sea ya el reflejo deslavado de una historia que cuenta con momentos destacables, pero también con siglos enteros de estancamiento y desigualdad.

Si la visión que proponen José Antonio Fernández y Salvador Alva es la que México necesita hoy, es un tema a discutir. Tal vez haya quien crea que deberíamos ser más bien el "país del no", o quien suponga que no necesitamos concentrarnos en el talento y el espíritu emprendedor. Esas otras visiones merecerán atención pero, al final, debemos decidirnos por una, y dotarla de la organización y cultura compatibles. Y eso, por sí solo, es ya una gran aportación de Alva y Fernández. El hecho de que además nos propongan una idea completa merece agradecimiento adicional.

¡Manos a la obra! Urge construir ese *México donde las cosas sí suceden. El país del sí.*

MACARIO SCHETTINO

Introducción

Para salir de la media tabla

> Si pretendemos lograr resultados nunca antes
> alcanzados, debemos usar métodos nunca antes
> intentados.
>
> SIR FRANCIS BACON

Estamos viviendo un momento histórico, si consideramos que cada una de las decisiones que hoy tomamos determinarán nuestro futuro como nación. Como bien decía sir Francis Bacon, impulsor del método científico, no podemos esperar resultados diferentes si seguimos haciendo las cosas de la misma manera. Es por ello que, como país, debemos aventurarnos a trazar una nueva visión del futuro, andar un camino distinto para alcanzar un mejor destino.

El modelo de país que tenemos fue concebido en una época muy diferente a la actual. Este modelo dio origen a la cultura y valores que hoy vivimos los mexicanos, pero es anacrónico: no responde a las condiciones que determinan el éxito de las sociedades del futuro, ni nos permite sacarle ventaja a la velocidad y eficiencia que ofrecen las nuevas tecnologías para abordar y resolver nuestros problemas, así como aprovechar las oportunidades. Los cambios acelerados y las nuevas tendencias de este siglo han modificado radicalmente el contexto y, por lo tanto, la creación de un nuevo modelo de nación —uno que impulse a México a ser uno de los países más prósperos del mundo— resulta indispensable en la actualidad. Por esto, nos parece imperativo atrevernos a definir el modelo de país que anhelamos. Requerimos una visión clara de nación —que además sea una visión compartida, a la que nos comprometamos todos—, y la coyuntura electoral de 2018 pone de relieve la urgencia de contar con un plan estratégico. Con este objetivo, identificamos una serie de preguntas cuya respuesta es impostergable: ¿cómo es el México que queremos en diez o veinte años?, ¿a qué aspiramos como sociedad? y ¿qué país queremos construir desde ahora?

Como veremos con detalle en el segundo capítulo, si observamos el mundo desde el punto de vista económico, podemos encontrar a grandes rasgos tres tipos de países: los del subdesarrollo, donde se incluyen a los que registran ingresos anuales por habitante menores a los 6 mil dólares; los de la manufactura, con ingresos medios que van de 6 a 15 mil dólares; y, por último, los de la economía del conocimiento y la innovación tecnológica, que integra a países de ingresos que van desde los 15 mil dólares por persona hasta aquellos cuyos habitantes alcanzan los 100 mil. México se encuentra en un nivel cercano a los 9 mil dólares anuales por persona, por debajo de la media mundial, que es de 10 mil. Como se dice coloquialmente, estamos a media tabla.

Durante años, desde la década de los cincuenta, México logró crecer a tasas mayores a 6 o 7% anual. Fue el llamado "desarrollo estabilizador". Sin embargo, a partir de los años setenta tuvimos un periodo de gran volatilidad, excesos fiscales y crisis recurrentes; a pesar de muchas reformas, y de la apertura económica y comercial, nos hemos estancado. Al no tomar decisiones importantes que pudieran haber detonado el cambio y acelerado la economía del conocimiento y la innovación, México ha dejado pasar muchas oportunidades de desarrollo. Pero hoy tenemos la posibilidad de construir en nuestro país una mejor calidad de vida, más incluyente, con igualdad de oportunidades y sistemas que fomenten la seguridad y el Estado de derecho.

México dejó pasar dos movimientos importantes —de los cuales hablaremos en los siguientes párrafos—, y ahora nos corresponde cerrar a gran velocidad la brecha que se ha creado.

Cuando el mundo se debatía entre la elección de un modelo capitalista de libre mercado y el comunismo, México decidió irse por el camino del desarrollo interno. A pesar de los avances, nos dimos cuenta de que la velocidad a la que marchábamos y los márgenes de pobreza eran de los más altos del mundo, y nos llevó 24 años cambiar de rumbo y abrir nuestra economía al mundo exterior.

Con el nacimiento del internet, muchos países encontraron en la economía digital una oportunidad para cerrar las brechas sociales; por un lado, brindando a toda su población acceso a la información y al conocimiento y, por el otro, respondiendo con servicios más eficientes a sus ciudadanos —pensemos en los minutos que lleva el trámite para formalizar empresas, por ejemplo—. Los países que valoraron el internet como la gran oportunidad, impulsaron la conectividad y la economía digital lograron incrementos importantes de productividad y se vieron beneficiados por un despegue que nosotros no aprovechamos o no quisimos ver.

Los líderes de algunos países, en su reconocimiento, la incluyeron en sus respectivas visiones de nación. Veamos algunos ejemplos a continuación:

En 1998, Tony Blair, entonces primer ministro de Reino Unido, estableció la siguiente meta:

> Crear en el Reino Unido el *mejor* ambiente en el mundo para fomentar el comercio electrónico en el año 2002 [...] Tenemos que medirnos con los mejores del mundo. Nuestro éxito depende de explotar nuestros activos más valiosos: conocimiento, habilidades y creatividad. El *white paper* denominado *Our Competitive Future: Building the Knowledge–Driven Economy* establece el marco de referencia para los próximos diez años.

Jean Chrétien, cuando ocupó el cargo de primer ministro de Canadá, declaró la visión de este país respecto al comercio electrónico en septiembre de 1997:

> Ser el líder mundial en el desarrollo y uso del comercio electrónico para el año 2002. Haremos accesible a todos los canadienses la infraestructura de información y conocimiento, convirtiendo a Canadá en la nación más conectada del mundo [...] Esto dará a todos los individuos nuevas oportunidades de aprendizaje, interacción, transacciones de negocios y desarrollo del potencial económico y social.

Y Clinton, expresidente de Estados Unidos, estableció en enero de 1999: "Internet se convertirá en nuestro nuevo hogar y una computadora en cada casa no será un sueño sino una necesidad. En la siguiente década, ésta es nuestra meta".

Si observamos con detalle a los países que oportunamente entendieron que internet representaba una gran oportunidad, podemos apreciar que transformaron sus economías sobre el entendido de que:

- La mayor preocupación de los gobiernos es la inequidad social y económica entre empresas e individuos que está generando internet.
- Su mayor prioridad es acelerar el crecimiento de internet en toda la sociedad, principalmente en las clases más bajas.
- El liderazgo está en la iniciativa privada, y el gobierno es un líder-promotor para eliminar barreras y generar un marco regulatorio de libertad y competencia.
- Los gobiernos tienen la obligación de ser usuarios modelo al reducir costos y mejorar la calidad de los servicios públicos a través de internet.

Dos décadas atrás, México perdió esta gran oportunidad de transformación social y educativa que representaba internet. Esto lo vemos en que nuestras reformas en las áreas de telecomunicaciones se están dando apenas, en tiempos recientes, y que éstas no hacen énfasis en lo social ni fomentan un gobierno digital que, por contraste, apreciamos claramente en aquellos países citados.

La historia reciente nos confirma que los saltos cuánticos sí son posibles cuando se cuenta con el modelo de desarrollo adecuado y se atienden los rezagos. Pero, ¿qué tienen en común los países más exitosos? Podríamos describir muchos aspectos en común, pero encontramos algunos rasgos puntuales que los hacen únicos y singulares. Estas características, al final, son las que explican a las sociedades del conocimiento:

- Se concentran en la atracción y formación del mejor talento, sin distinción de nivel socioeconómico.

- Tienen gobiernos digitales, con instituciones eficaces y abiertas que fomentan la investigación y el emprendimiento.
- Sus ciudades son divertidas y seguras para vivir, con un alto nivel de concentración urbana basado en un crecimiento vertical.

Si se siguen estos lineamientos, los resultados prometen ser excepcionales. Por ejemplo, a la mitad de la década de los ochenta, Corea del Sur y México tenían el mismo ingreso por habitante, alrededor de 2 400 dólares. Ocho años después, en 1994, año en el que fue implementado el Tratado de Libre Comercio de América del Norte (TLCAN), Corea del Sur ya había cuadriplicado su ingreso por habitante mientras que México sólo lo había duplicado. Pero el verdadero cambio se dio en los últimos 24 años, cuando los surcoreanos pasaron a los 30 mil dólares por habitante y nosotros únicamente llegamos a los 9 mil. Esto es de resaltarse, sobre todo si reparamos en que, cuando el promedio de la población triplica su riqueza, se genera un cambio profundo en el país.

La misma historia se ha repetido en muchos países como Israel, Canadá, Singapur y China. El caso de China no deja de ser impresionante, pues hace treinta años nuestro ingreso por habitante era ocho veces mayor al suyo y hoy no sólo nos ha alcanzado, sino que se perfila a ser la mayor potencia económica del planeta en poco tiempo.

En 1994, México tomó una decisión trascendental al firmar el TLCAN con Estados Unidos y Canadá. Algunos de los líderes de Estados Unidos aseguran que México ha sido el gran ganador en esta relación. Y aunque es innegable que este acuerdo ha generado grandes beneficios para México, conviene analizar los números: en 1994, el ingreso anual por habitante en Estados Unidos era de 28 mil dólares, y el de México, de 6 mil. En 2015, el ingreso per cápita del país vecino alcanzó los 56 mil dólares —un incremento de unos 28 mil dólares más por habitante—, y el contraste con México es drástico, pues en ese mismo periodo de tiempo aumentó sólo 3 mil dólares por persona. O, dicho de otra manera: un crecimiento de 100% contra uno de 58 por ciento.

21

A esto se suma que el déficit comercial que Estados Unidos tiene con nuestro país: los famosos 60 mil millones de dólares que tanto ruido han generado en los procesos políticos de nuestro vecino del norte representa sólo 0.3% de su economía. Con solamente 4.3% de la población mundial, Estados Unidos hoy genera 24% de la riqueza del planeta y el promedio de ingreso de sus habitantes es seis veces superior al de México. ¿Cuál es la razón? Han logrado migrar de una economía tradicional manufacturera a una economía del conocimiento; han encontrado quién haga los trabajos de poco valor económico y, en consecuencia, han transferido dichas fuentes de trabajo a lugares como México, mientras mantienen en Estados Unidos los empleos que crean mayor valor y que transforman una sociedad.

Todo esto, en conjunto, conduce a la exigencia, por parte de nuestro principal socio comercial, de revisar nuestros acuerdos de integración económica en la actualidad, y deja en evidencia lo esencial que es para México cambiar de modelo económico y transformar al país. Pero si seguimos ocupándonos solamente de corregir nuestros problemas a corto plazo, sin cambiar nuestra visión de país acorde a lo que queremos, difícilmente daremos el salto cuántico que nuestra nación demanda. Y es entonces que cabe preguntarnos: ¿qué necesitamos para llegar a ser una sociedad del conocimiento? Como sugiere el mismo concepto, la clave radica en el desarrollo intelectual de su población y, más aún, en darnos cuenta de que el talento es lo más escaso que existe, y en aprender de todos aquellos países que son ejemplo de una sociedad del conocimiento. Estos países tienen una agenda para impulsar el talento centrada no sólo en la preparación de su gente, sino en la mejora de las condiciones de vida y las políticas migratorias para atraerlos y, desde luego, retenerlos mediante un gobierno amigable que fomente el emprendimiento y valores como la inclusión (esto para que, obviamente, quieran regresar a vivir a su país y tengan la posibilidad de hacerlo a través de trámites migratorios prácticos que los hagan sentir bienvenidos).

El mejor ejemplo que tenemos hoy en día se le conoce como Silicon Valley (o Valle Silicio). En esta zona se genera más de la mitad de la innovación en Estados Unidos, y casi una cuarta parte de la del mundo. Pero, ¿qué tiene Silicon Valley que lo hace diferente?

Fácil: reúne el mejor talento del planeta (muchos mexicanos incluidos) y, desde luego, no podemos dejar de subrayar su sistema universitario, su ecosistema de emprendimiento, buen clima, un ambiente seguro y divertido para vivir, etcétera.

En este punto, algunos se preguntarán: ¿por qué el afán de buscar y atraer talento? Porque a pesar de que a este planeta lo habitamos 7 500 millones de individuos, el talento sigue siendo muy escaso. Y, más específicamente, escasean los líderes. En 2015, el Foro Económico Mundial (World Economic Forum) publicó un listado de los diez retos más importantes a los que se enfrentará la humanidad y entre ellos se encontraba la falta de líderes para resolver los grandes problemas globales. Si analizamos los diez problemas que se plantearon entonces, es posible concluir que el primero y más importante es, sin lugar a dudas, justamente éste, pues sin líderes que encaren los desafíos del porvenir, como sociedad, ¿cómo vamos a enfrentarlos? Ésta es una cuestión que surge todos los días. ¿Dónde están los líderes? ¿Aquellos que tienen visiones que inspiran? ¿Que tienen el talento para armar el equipo que haga realidad los sueños? Analicemos a los líderes del G20, quienes dirigen las veinte mayores economías del planeta, y preguntémonos: ¿cuántos cubren estos requisitos? ¿Será posible que, en un mundo de millones de habitantes, no tengamos veinte líderes excepcionales?

Nuestros sistemas de educación (en casa y escuelas) abonan a esta problemática al reducir la capacidad creativa del individuo, pese a que hoy los empleadores nos dicen que el pensamiento crítico y la capacidad creativa son los dos componentes más importantes para tener éxito en la economía del conocimiento. En *Breakpoint and beyond: Mastering the future—today* (1993), George Land y Beth Jarman explican un experimento que realizaron con niños de preescolar para medir su capacidad creativa y definir quiénes podrían considerarse "genios creativos". Los autores de este libro tomaron un simple clip de papel y, en un examen, preguntaron a mil 600 niños cuántos usos se les podía ocurrir para dicho clip. Al que obtuviera una calificación por encima de cierto nivel se le consideraba un genio en pensamiento divergente. El 98% de los niños de preescolar que conformaron este experimento obtuvo puntuaciones de nivel de genio. El mismo estudio se volvió a aplicar a los mismos niños cinco años después y dio como resultado que sólo 32% encajaban en este nivel; cinco años después, la cifra bajó a 10%. El mismo examen, aplicado a 280 mil adultos de 31 años de edad en promedio arrojó que sólo 2% quedó en el nivel de genio.

Para complementar los resultados del experimento de Land y Jarman, hay estudios que indican que aproximadamente 5% de los seres humanos nace con una inteligencia superior o muy por arriba del promedio y, llegados a la edad adulta, más de 96% de ésta se ha perdido. Esto nos lleva a que, para la etapa de vida de un adulto universitario, menos de 1% de la población continuaría gozando de estos dones que la vida le dio al nacer. Y de nuevo surge la pregunta: ¿por qué pasa esto?, ¿por qué matamos el talento y no lo cultivamos?

Entonces, ¿cómo educar a niños genios? Es cierto que todo lo cuestionan, se aburren muy fácilmente, no aceptan una respuesta simple o autoritaria; pero también recordemos qué hacemos con ellos: los segregamos, los medicamos, los castigamos y nos sentimos felices cuando ya son parte del otro 95%, cuando finalmente logran formar parte del "rebaño", y olvidamos que eran lo más preciado que la naturaleza nos dio. Éstos son los hombres que han desafiado al mundo, que lo han cuestionado haciendo preguntas tan simples y que causaron grandes problemas en su momento; son los mismos que desafiaron las leyes de la esclavitud, el concepto de la tierra plana, las leyes de la gravedad, y un largo etcétera. En esta época, esos genios creativos, inconformes y disruptivos son escasos, pero los hay, tan es así que podemos nombrar a Mark Zuckerberg, Jeff Bezos, Bill Gates y Steve Jobs, y a muchos otros que han forjado una riqueza en formas inimaginables y cuya derrama económica se pudo dar gracias a la capacidad de Estados Unidos de preparar y atraer al mejor talento del planeta.

Hay tres cosas —entre muchas otras— que debemos atender con el objetivo de lograr la agenda más agresiva para el desarrollo de talento en México, a éstas debemos darle la más alta prioridad aunque, con seguridad, implicarán romper algunos paradigmas sobre la marcha. Entonces, ¿qué necesitamos para llegar a ser una sociedad del conocimiento?

1. Universidades de investigación, que atraigan y generen talento, para que sean ellos los detonadores del emprendimiento y la solución de los problemas de la sociedad.
2. Una educación de alta calidad con oportunidades para todos.
3. Que México sea capaz de atraer al mejor talento sin importar nacionalidades; y, desde luego, que sea capaz de retener a sus mejores estudiantes y profesores.

Las sociedades del conocimiento tienen la capacidad de cultivar y atraer a las mentes más brillantes desde cualquier lugar del mundo, así como potenciarlas con la mejor educación. Por esta razón, en la actualidad requerimos una cultura basada en el mérito. Los estudiantes con mejor desempeño académico, sin importar su condición socioeconómica, merecen tener acceso a la mejor educación de su país, sea ésta pública o privada; asimismo, no debemos permitir que estos jóvenes se queden sin estudiar o, en su defecto, que lleven sus estudios a cabo en escuelas o universidades de mala calidad. Cuando se reconoce el mérito como la característica que determina el acceso a la mejor educación universitaria, las familias manifiestan su apoyo para que sus hijos gocen de una educación de calidad, como hemos visto en países que entienden la trascendencia de este valor: en el núcleo familiar se sabe que es el mérito individual lo que definirá el acceso a las mejores universidades de su país o del mundo entero. Y, acorde, también observamos que aquellos jóvenes que no cuentan con recursos económicos suficientes son becados por las mejores universidades en función del mérito.

Ante la incógnita de cómo alcanzan su reconocimiento y prestigio las mejores universidades del mundo, la primera respuesta es: por la calidad de sus alumnos. Esto reafirma el peso que tiene el talento y su búsqueda por cazar lo mejor; esto es su prioridad número uno. Sabemos que, en promedio, los mejores estudiantes solicitan admisión a más de cinco universidades; así mismo, uno de los indicadores más importantes de toda universidad es lo que llaman *yield*, es decir, el porcentaje de alumnos aceptados contra los que terminan inscribiéndose en la institución. Universidades como Harvard tienen los indicadores más altos, con 84%, pero la mayoría está en cifras por menores a 30 por ciento. La selectividad de cualquier universidad se logra con el prestigio, y éste lo determinan no sólo la calidad de sus alumnos y profesores sino todo el ecosistema de investigación y emprendimiento que genera el desarrollo del conocimiento; esto último, como hemos venido enfatizado, es la materia prima para una sociedad del conocimiento. Por eso, muchas de las universidades de prestigio tienen un límite en la cantidad de alumnos que aceptan y llevan muchos años sin modificarlo, porque su objetivo es muy simple: atraer al mejor talento del planeta sin importar su nivel socioeconómico.

La segunda necesidad importante que tiene nuestro país es la de garantizar una oferta educativa adecuada para impulsarnos hacia una economía basada en el conocimiento. Muchos países, ante la falta de universidades de calidad, invitan a universidades extranjeras a instalar campus y centros de investigación. Tal es el caso de China, que cuenta con 37 universidades extranjeras; Emiratos Árabes, por su parte, tiene 31; y Singapur, 11. ¿Cuántas de ellas tenemos en México? Y, ¿a cuántas invitamos de manera proactiva, así como hacemos tan exitosamente con las empresas tradicionales de manufactura?

México requiere de un programa ejemplar de incentivos para promover la atracción de universidades extranjeras y centros de investigación, y de una política migratoria más agresiva y abierta al talento. Si buscamos multiplicar la riqueza de nuestra sociedad, México requiere transformarse rápidamente y pasar de un modelo de manufactura —propio del siglo XX— a uno basado en el conocimiento y la innovación, y más acorde a las condiciones del siglo actual. Es decir, debemos pasar de interesarnos en las personas por su mano de obra a apreciarlas por su capacidad creadora, es decir, su talento. En pocas palabras: pasar de la mano de obra a la mente de conocimiento e innovación. Por todo esto, las universidades de investigación y prestigio se concentran en preparar y formar a los líderes de la nueva economía del conocimiento, detonando clústeres de investigación, innovación y emprendimiento estratégicamente integrados en su comunidad, y apoyando a la transformación de un gobierno visionario, honesto y responsable.

Así, el presente libro tiene el propósito de formular una visión de país, que los autores compartimos, para motivar a un diálogo inspirador sobre el México que podemos y queremos llegar a ser. Creemos que invertir en el mejor talento es el proyecto con mayor rentabilidad social y es, además, una tarea impostergable y urgente. Ésta es la mejor apuesta para que México salga de la media tabla y dé un salto cuántico para migrar a la economía del conocimiento, aprovechando la mente y el espíritu de su gente como el recurso más valioso que tenemos en la actualidad. Sólo así México llegará a ser un país próspero, equitativo y justo; un lugar donde todos tengan las mismas oportunidades; un lugar donde el talento, la disciplina y la perseverancia —y no el origen socioeconómico— determinen el porvenir de las personas que lo habitan.

México no requiere arreglar el viejo modelo de país que heredamos. Por el contrario, necesitamos construir un nuevo país que responda a los retos que Winston Churchill predijo hace muchos años: "Los imperios del futuro son los imperios de la mente".

CAPÍTULO UNO

El mejor momento

Honestamente, éste es el mejor momento para
estar vivos.

STEPHEN PINKER

Muchos mexicanos piensan que nuestro país —y quizás el mundo entero— se está deteriorando. Afirman que nunca hemos estado peor. Y, ¿cómo no ver las cosas así? La prensa y las redes sociales nos bombardean con malas noticias día con día. Tenemos en nuestras manos más información que nunca antes sobre lo que está sucediendo al momento, "en vivo y a todo color". Pero, al mismo tiempo, nuestra creciente obsesión por la inmediatez y por lo fugaz ha ido diluyendo poco a poco nuestra memoria crítica, esa capacidad de situarnos en el momento histórico y ver más allá.

Pero aceptémoslo: en realidad, estamos viviendo en uno de los mejores tiempos de la historia.

Si pudiéramos comprimir los 4 mil 500 millones de años de existencia de nuestro planeta en un año civil, éstas serían las fechas clave: el primero de enero se habría creado la Tierra, el 17 de abril habrían aparecido las primeras bacterias y el 21 de noviembre (como más o menos hace 300 millones de años) se habría desarrollado el primer pez. Siguiendo esta misma lógica, no sería sino hasta el 13 de diciembre que habrían aparecido los primeros dinosaurios, y la extinción de éstos habría tenido lugar el 26 de diciembre (el equivalente de hace más de 65 millones de años); finalmente, a las 17:18 horas del último día del año habrían aparecido los primeros seres humanos. Los últimos dos segundos del 31 de diciembre coincidirían con la civilización moderna, desde los tiempos romanos hasta la revolución tecnológica

29

que vivimos hoy. Y si quisiéramos llevar esto más allá, podríamos hacerlo: nos ha tocado vivir no sólo en los mejores "dos segundos" del año que representa la vida de nuestro planeta Tierra, sino que además éstos son justamente los mejores momentos de nuestra especie.

LAS CUATRO REVOLUCIONES DEL SER HUMANO

Los seres humanos han existido en la Tierra desde hace 2.4 millones de años, desarrollándose desde diferentes especies como el *Homo habilis*, *Homo erectus*, *Homo neanderthalensis*, entre otras. Hace menos de 100 mil años, al menos seis especies de humanos todavía habitaban la Tierra. Sin embargo, en la actualidad solamente quedamos nosotros, el *Homo sapiens*. En el libro *De animales a dioses*, Yuval Noah Harari profundiza sobre las principales razones que permitieron a nuestra especie sobrevivir y desarrollar las sociedades modernas que conocemos y en las que vivimos hasta hoy. En particular, el autor distingue cuatro periodos en la historia que nos permitieron evolucionar: la revolución cognitiva, la revolución agrícola, la unificación de la humanidad y la revolución científica. Cada una de estas revoluciones nos ha permitido convertirnos en la especie dominante del planeta, debido al desarrollo de una capacidad que ningún otro ser viviente ha alcanzado: la de crear y conectarse a través de ideas intangibles. A continuación, explicaremos brevemente cada una de éstas.

La primera de estas revoluciones, la cognitiva, comprende un periodo que inició hace setenta mil años y finalizó hace treinta mil. En ésta sucedió un cambio en la manera en que las mentes de los *Homo sapiens* trabajaban, cuando aumentó la inteligencia y creatividad de la especie. Esta evolución permitió que se desarrollara un lenguaje nunca antes visto en el reino animal, ya que permitía que se expresaran ideas complejas, detalladas y profundas. El ser humano comenzó a volverse más social, lo cual hizo que pudieran trabajar y vivir juntos, formando grupos grandes comparados con aquellos de otros animales. Posteriormente, la revolución agrícola, de hace unos diez mil años, permitió a estos grupos crecer, al facilitar una vida sedentaria.

Y, por último, con la revolución científica, que comenzó en Europa hace aproximadamente unos quinientos años con el surgimiento de la ciencia moderna. Sin embargo, el cambio más importante que ha vivido el ser humano durante esta época, bien podríamos decir, ha sido pasar del entendimiento del mundo "como es" para comenzar a verlo "como puede ser".

Con esto en mente, pasemos al ahora. Hoy, en pleno siglo XXI, estamos aquí y tenemos todos los beneficios que cada una de estas revoluciones del ser humano nos han dejado. Como veremos más adelante, éstos son precisamente los factores que han asegurado la supremacía de nuestra especie: la curiosidad científica, la generación de conocimiento y la capacidad de conectarnos y asociarnos.

El camino al desarrollo

Cada cambio en la capacidad del pensamiento de nuestros ancestros, así como cada eslabón en la evolución de la humanidad, generó no solamente beneficios intangibles, sino también claras ventajas materiales. De manera puntual, pensemos cómo, con el paso de la revolución científica, cambió la manera en que aprendemos sobre el mundo, pero también la forma en la que nos organizamos, trabajamos y producimos bienes y servicios. Fue en este periodo, a finales del siglo XVIII, que Adam Smith publicó su celebérrima obra *La riqueza de las naciones*, la cual trocó la manera en que entendíamos la generación de la riqueza y la relación entre el consumo, la inversión y el bienestar de las personas. Así se gestó la ideología del capitalismo, la cual coincide con el inicio del milagro económico que hoy llamamos "desarrollo", y que sigue siendo el motor de la mayoría de las economías modernas en el mundo.

Larry H. Summers, profesor emérito de la Universidad de Harvard y exsecretario del Tesoro de Estados Unidos, ha calculado que la diferencia en niveles de vida —llámese "ingreso individual"— entre los habitantes de Atenas en los tiempos de Pericles, y los de Londres en 1800, era de sólo 50%. Esto quiere decir que durante más de dos mil años el cambio en el ingreso promedio de nues-

31

tros antepasados fue menos de 0.1% por año. La tasa de crecimiento del mundo fue casi insignificante durante todos estos años. Cuando llegó la Revolución industrial, a partir de 1870, el impacto que tuvo en el crecimiento económico fue masivo. Por primera vez en la historia de la humanidad, el ritmo de desarrollo de algunos países llegó a niveles de 1 o 2% anual. O, en otras palabras, quedó en evidencia que el mismo nivel de avance en calidad de vida que los países más desarrollados habían logrado durante casi mil años podía alcanzarse en un periodo mucho más corto, en menos de cuarenta años.

Y, ¿qué es lo que ha sucedido en los últimos 150 años? Hemos entrado en una fase todavía más explosiva de progreso humano, con aumentos sostenidos en productividad, en esperanza de vida y en prosperidad económica que no tienen precedentes. Este crecimiento exponencial también ha ocasionado enormes efectos demográficos. En 1804 alcanzamos mil millones de habitantes en el mundo, y se necesitaron 123 años para llegar al segundo millar de millones; le tomó al mundo solamente 32 años alcanzar tercero, y 15, 13 y 12 para llegar a 4, 5 y 6 mil millones de personas, ya en el año 2000. Hoy somos cerca de 8 mil millones de personas.

Ahora bien, durante todo este tiempo el crecimiento no sólo lo podemos concebir en términos materiales, sino también en la calidad y la longevidad de nuestras vidas, pues esta última se ha multiplicado en los dos últimos siglos. La esperanza de vida del mundo pasó de 35 años en promedio a principios del siglo xx, hasta los casi 72 años que tenemos hoy. Además, como nos recuerda Steven Pinker, profesor de la Universidad de Harvard, el proceso de civilización nos ha llevado a tener un mundo con más derechos humanos, paz social y armonía como nunca antes había existido en la historia. Según ha expuesto en su reciente libro, *The better angels of our nature*, las tasas de homicidio de gran parte del mundo han presentado un importante y constante declive.

Si pudiéramos resumir la transformación de la sociedad humana desde la Revolución industrial en no más de tres palabras, encontraríamos pocas mejores que las siguientes: industrialización, globalización y urbanización. El proceso de industrialización transformó completamente la trayectoria de crecimiento de algunos países, incluyendo a

Inglaterra, Estados Unidos y gran parte de Europa. El segundo proceso, la globalización, también tuvo un enorme efecto en el crecimiento económico y en la prosperidad en años recientes. En los últimos veinte años, hemos visto que el progreso económico y social ha crecido sesenta veces más rápido que en la época de la Revolución industrial. Pero no olvidemos el último de los procesos mencionados, pues éste ha sido central en la historia del progreso humano que aquí narramos: la urbanización. Por primera vez en la historia, desde 2008 más de la mitad de la población del mundo vive en zonas urbanas. Y se predice además que, para el año 2050, aproximadamente 64% del mundo en desarrollo y 86% del mundo desarrollado serán urbanizados. Esto significa que más de 2 mil millones de personas adicionales estarán viviendo en ciudades, la mayor parte provenientes de África y Asia. De acuerdo con las Naciones Unidas, casi todo el crecimiento demográfico global hacia el año 2030 será absorbido por ciudades, aproximadamente 1.1 mil millones de nuevos ciudadanos.

En pocas palabras, tenemos la fortuna de haber nacido en un mundo mucho más próspero, más urbano y con menor violencia. En promedio —con todos los detalles que ocultan los promedios—, hoy contamos con casi el doble de la esperanza de vida e ingresos treinta veces mayores que aquellos que gozaron nuestros ancestros hace cien o doscientos años. Sin duda, vivimos en el mejor momento de la historia.

MÉXICO A MEDIO CAMINO

Hablemos ahora sobre nuestro México: ¿cómo le fue a nuestro país durante todo este tiempo? De acuerdo con Macario Schettino, prestigiado analista económico y autor de *El fin de la confusión*, México es parte de un puñado de países —la mayoría de ellos pertenecientes a la región latinoamericana— que, habiendo tenido el potencial de convertirse en potencias mundiales, fracasaron en sus intentos de desarrollo. Nos narra el autor que durante el siglo xx el camino que la mayoría de los países tomó para poder llegar a desarrollarse, ya sea en las regiones asiáticas, mediterráneas o escandinavas, fue el de combinar el capitalismo con la democracia. Esto no ocurrió así en

América Latina, pues dichas ideas fueron por un tiempo rechazadas y reemplazadas por una serie de experimentos, entre los cuales resaltan dos: el comunismo y el crecimiento agotador. En el caso particular de nuestro México, Schettino argumenta que el camino que hemos elegido por mucho tiempo ha sido el del "crecimiento agotador" que, en lugar de construir, destruye el capital; éste, a la larga, nos llevó a tener un crecimiento muy inestable de la economía.

Así, mientras México se estancaba, otros países tomaban la vía rápida del desarrollo industrial y del libre mercado. Algunos de los países que más aprovecharon esta oportunidad fueron los llamados "tigres asiáticos", entre los cuales están Corea del Sur, Singapur y Hong Kong. De 1980 a 1998, estos países disfrutaron de un crecimiento anual de 10% gracias a las políticas económicas que siguieron, al aprovechar la economía de libre mercado; México, en ese mismo lapso de tiempo, consiguió un crecimiento anual de solamente 2%. Nuestro país, pues, tuvo una gran oportunidad para crecer durante todo ese tiempo en el que muchas regiones del mundo se estaban desarrollando, pero terminó por desaprovecharla.

El estudio *A Tale of Two Mexicos: Growth and Prosperity in a Two-Speed Economy* de 2014 del McKinsey Global Institute nos ofrece otra versión sobre por qué México no ha prosperado igual que otros países. Entre sus resultados principales, este reporte señala que México tiene un problema importante en lo concerniente a la productividad, cuyo origen se remonta a lo que podemos denominar como los "dos Méxicos": el primero de ellos es el "México industrial", caracterizado por un alta productividad en su economía y con prácticas modernas; mientras que el otro es el "México no industrial", que tiene una baja productividad en su economía y que mantiene técnicas de producción tradicionales. Estos dos Méxicos se están desarrollando en sentidos completamente opuestos. Mientras el primero compite mundialmente, desarrolla su sector formal y tiene una productividad en constante crecimiento, el segundo tiene una productividad decadente y un sector informal creciente.

Asimismo, la economía del México industrial se distingue por estar compuesta por grandes empresas domésticas y multinacionales que gozan de éxito en sus operaciones; en promedio, su productividad ha aumentado 5.8% anual desde 1999. Por su parte, el México no industrial se compone principalmente de empresas pequeñas tradicionales que contratan a millones de personas para que realicen trabajos de baja productividad, la cual ha venido disminuyendo 6.5% en el mismo lapso de tiempo. Miles de medianas empresas se encuentran entre estos dos extremos, y solamente han presentado un crecimiento de 1% al año desde 1999. Al final, el aumento en la productividad del México industrial no ha sido suficiente para elevar la productividad total del país, ni para la economía en general, ya que las pérdidas del México no industrial han sido demasiado sustanciales; por esta misma razón, la productividad del país sólo ha presentado un incremento anual de 0.8% desde 1990.

Un claro ejemplo de la diferencia entre la productividad de estos dos Méxicos lo apreciamos en la industria procesadora de alimentos. Del total de los trabajadores de este gremio, 0.5% opera en las industrias modernas y genera la mitad del valor total de la industria. En contraste, los trabajadores de las industrias tradicionales —laboran en panaderías o tortillerías mayoritariamente— llegan a tener, siendo optimistas, un nivel de productividad 50 veces menor con relación a los primeros y de unas 20 veces menos relativo al promedio de la industria.

Pongamos otro ejemplo. Dentro de la industria manufacturera, específicamente en el sector de ensamble de automóviles y camiones, las empresas modernas que florecieron gracias al TLCAN dependen de empresas locales que realizan trabajos de poco talento a un precio bajo. Estas pequeñas compañías representan 80% del total de las empresas, y sus empleados constituyen 40% del total en el sector de ensamblaje de autos, pero solamente tienen una décima del nivel de productividad si se les compara con las empresas modernas.

El problema de la disparidad de la productividad entre las dos economías que existen en México ha tenido un gran impacto en el ambiente económico y en el bienestar de los ciudadanos. El reporte de McKinsey encontró que el bajo crecimiento del ingreso per cápita en México en las últimas tres décadas (el PIB per cápita aumentó en promedio 0.6% anual y solamente 0.4% en 2013) se debe principalmente a la baja productividad en el país.

Todo esto resulta alarmante sobre todo si consideramos la situación en la que se encuentra la fuerza laboral, ya que actualmente hay un acelerado crecimiento del trabajo en el México no industrial, lo que significa que hay una mayor creación de trabajos de baja productividad.

Así que nuevamente llegamos a la misma conclusión de Schettino: tanto en el avance de su productividad, como en su desarrollo más amplio, México se fue quedando a medio camino. Desde el año 1990, el PIB ha crecido, en promedio, 2.2% por año; sin embargo, este crecimiento ha dependido mayoritariamente de la expansión de la fuerza laboral. En otras palabras, crecemos porque somos más, no porque tengamos mayor capacidad de producir. Es por esto que podemos concluir tajantemente que si no logramos aumentar sustancialmente nuestra productividad, México no saldrá del mediocre nivel de desarrollo en el que se encuentra.

UN MUNDO DE OPORTUNIDADES

Por un lado, es claro que el país ha vivido un periodo de enormes reformas en los últimos 30 años, y que éstas han creado una nueva realidad en muchos ámbitos. Es innegable, por ejemplo, que los procesos de apertura económica, comercial y política que México ha vivido en décadas recientes han creado desarrollo y prosperidad en algunos sectores y regiones del país. En este sentido, se debe destacar el avance de nuestro país en muchos aspectos, desde la estabilidad económica que se ha mantenido durante todo este periodo, hasta las nuevas realidades de competencia democrática. Poco a poco, en términos de Schettino, nos hemos alejado de los experimentos y nos hemos comprometido con el camino verdadero al desarrollo: mercado y democracia. No obstante, como describe el analista Luis Rubio en *Un mundo de oportunidades*, el proceso que México necesita para consolidar una verdadera transformación, y que lleva décadas fraguándose, no se ha traducido en beneficios tangibles para toda la ciudadanía. "Ante la ausencia del Estado de derecho y de un gobierno funcional —dice el autor— uno de los principales problemas a resolver es cómo construir consensos que permitan transformar verdaderamente al país."

Entonces, ¿qué necesitamos para salir del estancamiento en el que nos encontramos inmersos? Claramente, lo primero que México necesita es una nueva visión de sí mismo. Requerimos un nuevo modelo de país que nos lleve —como plantea el Consejo Ejecutivo de Empresas Globales (CEEG) en su visión para el país, *México 2030*— a duplicar la productividad laboral a nivel nacional en los próximos quince años. Para ello, nuestro país necesita definirse en torno de algunas de las megatendencias que van transformando la realidad que nos rodea. Según el CEEG, "México debe prepararse para aprovechar las oportunidades de la mejor manera y desarrollar una visión a largo plazo para hacerlo". Una de estas tendencias, conocida como la cuarta revolución industrial, es la digitalización generalizada de los sistemas, su automatización y el uso y fusión de diversas tecnologías. El efecto transversal de este cambio impactará a todos los sectores de la economía. Esto, además, nos hará entrar y vivir en un mundo nuevo, basado en la economía del conocimiento, y para esto es completamente indispensable contar con gran talento humano, creatividad y capacidad de innovación.

"México debe pasar de la manufactura a la 'mentefactura' ", consta en el citado informe. Esto quiere decir que el país debe evolucionar "de una economía basada en la manufactura a una industria creativa". Si logramos añadir procesos de mayor valor y oportunidades que vayan más allá de la manufactura, México podría crecer a una tasa de 4 o 5% anual, acercando al país al nivel de desarrollo de los países más avanzados en el transcurso de las próximas décadas. Estamos convencidos de que es posible llevar a México a niveles mucho más altos de competitividad mundial a través del desarrollo de la economía del conocimiento; ésta nos permitirá acelerar la productividad, mientras reduce tiempo y costos en transacciones y servicios. Del mismo modo, también podemos avanzar en el desarrollo social al facilitar el acceso al conocimiento pues, al final, éste es el detonador más efectivo para cerrar las brechas que producen el terrible lastre de la pobreza.

CAPÍTULO DOS

Más allá del crecimiento

Se trata de generar el mayor bienestar para el
mayor número de personas posible.

JEREMY BENTHAM

Durante el siglo XX se dieron dos fenómenos económicos importantes
a nivel mundial que marcaron el rumbo del desarrollo de varios países, como recién vimos. Uno de éstos fue la propagación de la economía de libre mercado, que llevó a muchos a dar un enorme salto en sus
niveles de calidad de vida. Y, como consecuencia del proceso de globalización, los países facilitaron el intercambio de bienes, productos y
servicios, y esto les permitió, a su vez, acelerar el avance, así como exa-
cerbó el impacto en los ingresos medios del mundo. Pero, como veremos con detalle más adelante, aunque nuestro país también pudo haber
aprovechado esta oportunidad, no supo bien cómo hacerlo.

El segundo fenómeno, surgido a finales del siglo pasado, es el nacimiento de la economía basada en el conocimiento. Aquí nos referimos
al surgimiento de la famosa "sociedad de la información", comúnmen-
te definida como una economía en la que el crecimiento se nutre de
la cantidad, calidad y accesibilidad de la información, más que de los
medios de producción. Pero también nos interesa explorar los cambios
que hemos visto en la creación de valor, que en menos de dos décadas
han reconfigurado el mapa de las empresas más grandes del mundo.
Esta revolución digital, en la que todavía estamos inmersos, ha generado una enorme derrama económica en los países que han sabido cómo
aprovecharla; nuevamente, México parece llegar demasiado tarde.

La combinación de ambos factores nos heredó un mundo que
se puede categorizar en tres diferentes economías, según su nivel de

desarrollo. Como ya describimos en la introducción, están las economías "básicas" que se caracterizan por tener gobiernos centralizados, contar con mano de obra barata y la concentración en la producción de materia prima primordialmente. En otras palabras, aquí encaja esa parte del mundo que ha quedado estancada en el pasado. Después tenemos a los países de "la media tabla", con economías manufactureras. Este tipo de países se caracteriza por contar con una mano de obra más calificada, que puede hacer trabajos más complejos, con un gobierno abierto y con mayor estabilidad financiera. Como afirmamos al inicio de este libro, México está, desde hace aproximadamente cuatro décadas, precisamente en esta categoría. Por último, se encuentran los países que cuentan con una economía que se ha denominado "del conocimiento". El motor para el progreso de estos países es la innovación y, además, contar con tasas de migración altas que atraen talento de otras partes del mundo y ofrecen las mejores oportunidades posibles para su desarrollo profesional. Igualmente, estas economías poseen una gran cantidad de ciudades de alta urbanización y gobiernos que apoyan el emprendimiento y la investigación.

En la actualidad, México podría definirse como una economía de manufactura. Hoy, más que nunca, resulta primordial que se empiecen a generar cambios estructurales que muevan al país hacia una economía del conocimiento, sobre todo para el bienestar de las futuras generaciones mexicanas. Para que esto suceda, México debe enfocarse en contar con los principales "insumos" en los que se basa la economía del conocimiento: el talento y la meritocracia, ciudades atractivas para vivir y un gobierno digital que fomente la innovación, el emprendimiento y la investigación. En este punto, la pregunta que debemos hacernos es: ¿qué es lo que hace a un país exitoso en el siglo XXI?, ¿quiénes y cómo lo están logrando? Sabemos, por ejemplo, que el modelo tradicional basado en actividades de poco valor agregado es un modelo agotado. La humanidad, como lo ha venido haciendo desde nuestros orígenes, buscará nuevas formas de productividad que respeten los recursos limitados del medio ambiente, de nuestro planeta.

Salim Ismail, cofundador de Singularity University, durante una visita al Tecnológico de Monterrey, nos compartió su visión sobre las oportunidades que tenemos como país. A saber, el desarrollo de nuevas tecnologías exponenciales, la evolución de la conectividad de las personas y de las cosas *(internet of things)*, el internet, y la enorme transformación en los sectores industriales, químicos y biotecnológicos.

Ismail abundó en un dato impactante: si en el siglo anterior a una empresa exitosa le tomaba veinte años en promedio llegar a una valuación de mil millones de dólares en el mercado, los conglomerados tecnológicos de este siglo lo han logrado en ocho (Google), cinco (Facebook) y hasta menos de dos años (Groupon).

Se estima que en 2020 habrá más de 50 mil millones de conectores wifi, contra 15 mil millones que hay actualmente, lo cual crea un sinnúmero de oportunidades para nuevos negocios. Por otro lado, existen nuevos conceptos que están rompiendo con algunos de los paradigmas del sistema económico al que nos hemos acostumbrado. La economía compartida y de la abundancia nos demuestra todos los días que todos los satisfactores se acercan a costo cero o muy bajo, y que ese mundo donde el éxito se medía por la acumulación de cosas, se está transformando por un mundo donde esas cosas se comparten y se usan solamente cuando se necesitan. Casos como Uber, Airbnb y Lyft son un importante presagio sobre el cambio de paradigmas que estamos viviendo.

Por todo ello, y como veremos en este capítulo, la contabilidad tradicional ya no mide el bienestar de una sociedad o el valor económico de las empresas. Las empresas más valiosas que conforman la sociedad no reflejan su verdadero valor en sus balances contables, pues generan un capital intelectual enorme fundamentado en la capacidad de penetración mundial a través de los clientes que impactan en todo el mundo. Facebook es la red social más grande y hoy tiene conectada ya a 25% de la población mundial (2017) —con un valor de capitalización de 500 mil millones de dólares (diciembre de 2017)—, y se estima que para el 2022 conectará a 40%. Ese valor de capitalización es cercano a la mitad del PIB de México en 2016 (1 billón 046 mil millones de dólares), y su fundador, Mark Zuckerberg, desde una oficina en Menlo Park, impacta a un mundo sin fronteras; y lo más impresionante es que formó esta empresa a la edad de 19 años.

Cuando ponemos atención en esta transformación del mundo a través del talento, volvemos a ver que éste no se ve ni se mide en las cuentas nacionales de un país, pero es el diferenciador primordial que tienen las economías basadas en el conocimiento. En el futuro, alinear la energía positiva de la sociedad y el buen manejo del tiempo serán progresivamente los dos recursos más valiosos y escasos que distinguirán a los países más exitosos.

Los límites del capitalismo

En 2016 se tomaron decisiones en otros países que nos dejaron perplejos, y cuyas consecuencias impactarán al mundo. Sucesos como el *Brexit*, las elecciones en Estados Unidos, el nuevo proteccionismo y los nuevos nacionalismos en Europa, por mencionar algunos, son acontecimientos que representan un reto para todos nosotros. Más allá, son fenómenos sociales con los que habíamos convivido ya por muchas décadas, incluso superado en el pasado, pero que han dejado en evidencia que aún nos generan enormes inquietudes. Nos hemos habituado a convivir con ellos, sin profundizar ni reflexionar si podemos ser, entre todos, agentes de cambio.

En su libro *The Globalization Paradox*, Rodrik propone que las preferencias democráticas de los países que buscan proteger las necesidades de sus sociedades deben estar por encima de los requerimientos de una economía global. Esto no significa necesariamente que se esté en contra de la globalización. Rodrik piensa que esta ideología puede ser un fuerte motor para el crecimiento de las economías de los países en desarrollo, pero solamente si los países aprenden a domarla en vez de que ésta los domine. Un ejemplo que nos presenta el autor para ilustrar lo anterior es el desarrollo económico que tuvo Corea del Sur durante el siglo XX. A finales de los años cincuenta, Corea del Sur estaba mal posicionado económicamente, no tenía ninguna industria doméstica y su política era bastante inestable, además de que Corea del Norte era una posible amenaza para el país. El gobierno de Corea del Sur comprendió que le urgía tener un rápido desarrollo económico. A partir de los años sesenta, el gobierno surcoreano empezó a intervenir en las industrias del país para asegurar su desarrollo económico. Eliminó obstáculos que evitaban la inversión privada (corrupción, altos impuestos para las empresas, etcétera) y dio a las empresas generosos subsidios para que pudieran crecer. Asimismo, se aseguraron de que las empresas "infantes" de la industria doméstica estuvieran protegidas de la competencia externa; el gobierno no alentaba la entrada de empresas multinacionales al país, así que las empresas locales no enfrentaron competencia de importaciones hasta los años ochenta. Mientras tenían esta protección ante la competencia internacional, las empresas eran alentadas por el gobierno para que ellas mismas compitieran exportando sus productos. El gobierno ofrecía subsidios a las empresas que empezaran a exportar de una manera creciente. Estas políticas fueron un incentivo para que los negocios pudieran aumentar su productividad y competir internacionalmente.

México tuvo, en muchos sentidos, condiciones similares a las que tuvieron países como Corea del Sur, pero no supo "domar" la globalización en beneficio de toda la sociedad. La oportunidad sigue latente, pues más allá de la retórica de algunos liderazgos en el escenario internacional, el mundo muy probablemente seguirá abierto al intercambio comercial. La clave está en transitar a una nueva economía en donde el talento y la innovación se conviertan en los motores de nuestro desarrollo buscando elevar el valor intrínseco de las mercancías y servicios que exportemos.

Una economía basada en el conocimiento

Durante mayo de 2017, como parte de una visita de trabajo con el Consejo Directivo del Tecnológico de Monterrey, los autores de este libro recorrimos Israel. Se trató de un viaje de exploración que realizamos cada año a distintas regiones del mundo para observar y aprender de las mejores universidades del mundo y de los ecosistemas de innovación y emprendimiento en sus regiones. En dicha ocasión, estrechamos lazos con las cuatro principales universidades de aquella región: Weizmann, Technion, Hebrea de Jerusalén y Tel Aviv, todas ellas excepcionales a nivel global en sus especialidades. Estas instituciones son el cimiento y el principal detonador de la creatividad tecnológica y de la economía del conocimiento en ese pequeño y gran país.

Conocimos a los fundadores de algunas de las *startups* más exitosas del mundo, como Amnon Shashua de Mobileye, que desarrolló una tecnología que hace posible la conducción autónoma de los automóviles. En marzo del 2017, Mobileye fue vendida en 15 mil millones de dólares a Intel. También tuvimos la oportunidad de conocer a intelectuales y líderes políticos, así como pudimos conversar con jóvenes mexicanos egresados del Tec de Monterrey y que viven en Tel Aviv y otras ciudades. El Estado de Israel tiene un territorio que es una tercera parte del de Nuevo León y sus recursos naturales son escasos (dos tercios del mismo son desérticos). Está poblado y rodeado de conflictos milenarios, enemigos y tiene todo tipo de adversidad. No obstante, Israel es una nación espectacular en materia de innovación y emprendimiento. Su ingreso por habitante es cuatro veces mayor al de México. Es líder mundial en inversión de capital de riesgo por habitante, y segundo en inversión en investigación y desarrollo como proporción del tamaño de su economía (proporción ocho veces mayor que la de México), casi 90% aportado por el sector privado.

Israel es la mejor prueba de que un país sólo prospera si tiene un proyecto claro de nación, pues, a pesar de los conflictos, han sido capaces de delinear un lazo de unión entre su población y han asumido la responsabilidad de construir un futuro compartido. En su origen radica una idea central muy poderosa, un sueño para la construcción de la nación. Cuando los países no cuentan con una visión como ésta, que pueda fungir como ese lazo de unión entre su población, y su sociedad es poco incluyente y educada como la nuestra, el debate se centra en juzgar y culpar, bajar la autoestima, alimentar el pesimismo y dividir a sus habitantes. Se entra en un círculo destructivo de señalamientos entre unos y otros, campo fértil para el populismo que hoy está de manifiesto en muchos países. Vemos al gobierno como el centro de nuestros rezagos, y se nos olvida que está conformado por una muestra representativa de todos nosotros.

Nuestros egresados radicados allá proyectan gran entusiasmo, pues viven en una sociedad que los incorpora rápidamente al sueño de desarrollo de Israel. Los judíos israelíes tienen los mismos desacuerdos políticos de cualquier otro país, pero comparten el orgullo, solidaridad y amor por su patria, que se traduce en un patriotismo productivo. En conversaciones y encuentros con líderes empresariales y académicos de Israel, pudimos constatar una arraigada mentalidad hacia el mérito, donde lo que cuenta para avanzar y destacar son únicamente el esfuerzo y las capacidades.

Se tiene éxito cuando se persevera, pues están acostumbrados a no darse por vencidos ante el fracaso, aprender de él, levantarse y seguirlo intentando. Han construido una economía basada en la competencia volcada al mundo, sin protección ni privilegios. Su pasión está en el futuro. En lo económico, ningún lastre los detiene. Su verdadero deporte nacional es invertir en *startups*. (Un empresario relevante y creador de muchas empresas nos decía que las *startups* son para Israel ¡lo que es el futbol para Brasil!)

Claramente, Israel representa una sociedad que le ha apostado al talento y a la diversidad. Sus principales universidades fueron creadas incluso antes de la formación del Estado y la calidad de sus líderes es impresionante. Tienen una política agresiva de formación, atracción y retención de talento, y cuentan con las facilidades migratorias para atraer intelecto de todo el mundo. Poseen uno de los ecosistemas de educación superior más avanzados a nivel internacional. Con sólo ocho millones de habitantes, tienen cuatro universidades entre las 300 mejores del mundo —contrastando con México, donde sólo tenemos dos, y una población 16 veces más grande—, y generan el mayor número de patentes por habitante. Sus logros son más que desproporcionados; por ejemplo, representan 0.2% de la población mundial y han obtenido más de 22% de los premios Nobel en la historia.

Además, la presencia de la diáspora israelí en el resto del mundo es parte integral de la nación. Toda la comunidad judía en el mundo contribuye con Israel generosamente en lo económico, y constituye una poderosa y eficaz fuerza en las relaciones de su país en el exterior. En este diminuto pero efervescente territorio, constatamos el gran mérito ciudadano, académico y empresarial. En una tierra de culturas milenarias conviven, como en ninguna otra parte, el pasado y el futuro. No cabe duda de que entre sus mejores hábitos encontramos un ejemplo idóneo para reinventar a México, basándonos en lo mejor de nuestra propia historia e identidad.

Regresamos del viaje inspirados y motivados con la idea de que el Tec puede contribuir aún más a obtener logros similares a los de Israel en nuestro país. Confirmamos que los saltos cuánticos en el desarrollo de una nación son posibles y viables. No esperanzados en milagros, falacias o falsas salidas; se trata de delinear una idea responsable de país, formar a los mejores líderes y contar con voluntad, persistencia y un gran esfuerzo colectivo para construir el México que todos queremos.

La búsqueda del bienestar colectivo

La visión de país que buscamos plantear en este libro va más allá de una simple receta para aumentar la productividad o el crecimiento económico. México no será exitoso si no encuentra la manera de traducir los avances en su desarrollo productivo a un verdadero cambio en la calidad de vida de todos sus habitantes. Estamos, como sugiere la frase de Bentham al inicio de este capítulo, hablando sobre el bienestar colectivo de todos los mexicanos. Pero, ¿cómo sabemos si realmente estamos avanzando en la búsqueda del bienestar?

El indicador más común para medir el bienestar de una sociedad es el PIB per cápita y cómo está distribuido; sin embargo, como argumenta Martin Seligman en su libro *Flourish*, éste no es el mejor indicador para determinarlo. Seligman define el bienestar individual como la maximización personal de felicidad antes que la de los demás, pero deja muy claro que el trabajo colectivo es el que termina siendo mucho más efectivo para el beneficio de la sociedad.

Un ejemplo lo tenemos en un país vecino, Costa Rica, el cual, teniendo ingresos per cápita similares a México, logra posicionarse como el país número 1 de Latinoamérica, y el 11 mundial (Noruega ocupa el primer sitio), en el *Informe mundial sobre la felicidad 2017* elaborado por la Organización de las Naciones Unidas. En contraste, México aparece en el peldaño número 25; lo que indica que cada día vemos menos correlación de los factores económicos y los elementos que dan satisfacción y felicidad a las personas.

Así pues, medir solamente el aumento en ingreso, producción o consumo de nuestro país no es necesariamente la manera de interpretar el progreso. Más aún, incluso pueden existir situaciones en las que un aumento en el consumo no sea necesariamente positivo para los ciudadanos. Imaginemos, por ejemplo, el caso de la industria automotriz mexicana, con un importante crecimiento en las últimas décadas, que ha generado empleos y ha atraído inversión extranjera, pero que también ha provocado un desmedido crecimiento en la cantidad de automóviles en el país, tráfico y contaminación que provocan deterioro en la calidad de vida, en los tiempos de movilidad y la salud tanto de los automovilistas como de los peatones. Esto se ve en países como Colombia, Venezuela y México, que muestran una inconsistencia ante la teoría que apunta que entre mayor es el PIB per cápita, mayor debe ser el bienestar, y como dice Seligman, la variable del PIB per cápita y el bienestar divergen enormemente desde el momento en que se intenta comparar una con la otra. Cuando una persona o un gobierno se encuentra por encima de un nivel de ingreso seguro, el tiempo que les sobra no lo invertirán en trabajar más sino que preferirán pasarlo con su familia, amigos o en actividades recreativas.

Además de ser un viejo adagio, la idea de que "el dinero no compra a la felicidad" ha sido estudiada por algunas de las mentes más brillantes de la ciencia económica. En 2010, el ganador del Premio Nobel de Economía Angus Deaton publicó, junto con el psicólogo Daniel Kahneman, un estudio que buscaba explicar la relación que hay entre el ingreso anual de una persona y el bienestar que éste genera, con el propósito de responder a la pregunta de si la felicidad podría ser "comprada". En su estudio encontraron que, mientras el ingreso de la persona aumenta, el bienestar emocional tiene un tope límite en su crecimiento cuando éste llega a los 75 mil dólares en adelante (este tope o límite puede variar entre países, su estudio fue realizado en Estados Unidos). La importante conclusión que consiguieron los autores no es la relación de la cifra límite de ingreso anual con la felicidad, sino las distintas relaciones que tiene el ingreso con el bienestar del individuo; así, su conclusión terminó por reforzar lo que el sentido común nos dice: el dinero sí puede comprar una buena calidad de vida de una persona, mas no puede comprar su felicidad.

Con contundencia sabemos, pues, que la calidad de vida de una familia o de la sociedad en general depende de la seguridad y paz en que viven, de la capacidad de convivencia sana que puedan desarrollar, de la salud física y mental que puedan tener y de la esperanza de progreso y evolución que mantengan como familia. Si esta persona o familia tiene claro en su visión de futuro que con esfuerzo y con desarrollo de talento tendrá más oportunidades de progreso y de movilidad social, mayor será su motivación para seguir adelante. Ese balance en la vida de las personas y de las familias, que puedan lograr con sus esfuerzos y dedicación al estudio y al trabajo, mezclados con buen esparcimiento y descanso, será clave para desarrollar actitudes constructivas y de solidaridad en toda la sociedad. Empero, ¿existe alguna fórmula para lograr la felicidad colectiva en un país como México?

Con miras a responder esta incógnita, estudiemos por un momento al Reino de Bután, una nación regida por una monarquía constitucional que se encuentra en el sur de Asia, rodeada al norte por China y al sur por India. La población de Bután es de las más pequeñas en el mundo, ya que solamente cuenta con 768 mil habitantes, según cifras del año 2016; la religión que tiene más prevalencia en el país es el budismo tibetano, lo cual se debe a la cercanía del país con los Himalayas; la población en el país es, en su mayoría, rural, pues sólo 39% de los habitantes vive en zonas urbanas, principalmente en Thimpu, la capital de Bután; los niveles de educación del país han ido aumentando: a finales del siglo XX, solamente se tenía 10% de tasa de alfabetización, la cual aumentó a 65% en el año 2015. Los niveles de pobreza se han ido reduciendo en años recientes hasta llegar a 13 por ciento.

Bután tiene una filosofía única en lo que respecta a su pensamiento de desarrollo como país. La mayoría de los países en el mundo tienen la idea de que, para poder mejorar las condiciones de vida de sus ciudadanos, hay que mejorar el nivel de la economía, y una cifra que se utiliza como medida para evaluar la evolución del crecimiento de ésta es el PIB, es decir, la cantidad de ingreso generada por un país. Desde la década de los setenta, el gobierno adoptó la postura de que esta cifra del PIB no era totalmente la adecuada para determinar el desarrollo de una nación, ya que no consideraba la felicidad, lo que para ellos es el propósito de vida más importante del ser humano.

El rey de Bután se inspiró en sus antepasados para instrumentar esta idea y decidió que la meta principal del gobierno no sería el de maximizar el desarrollo del PIB, sino la felicidad de su población. Para poder analizar este parámetro, se creó un índice conocido como la "Felicidad Interna Bruta" (FIB). Uno de los argumentos en el que se basan para utilizar este indicador en vez del PIB, es que hay ocasiones en el que un incremento del PIB puede llevar a una disminución de la felicidad de los ciudadanos; por ejemplo, la tala de árboles en los bosques de Bután aumentaría el PIB por sus ventas, pero la sobreexplotación llevaría a la pérdida del ecosistema y a una peor condición del medio ambiente, lo cual afectaría negativamente a la población del área. El índice de FIB (que es un número en un rango de 0 a 1, donde 1 representa la máxima felicidad) está compuesto de nueve dimensiones que, en conjunto, representan la felicidad de la población en Bután. Éstas son: salud física, bienestar psicológico, diversidad y seguridad ecológica, condiciones de vida, educación, calidad del gobierno, uso del tiempo, diversidad cultural y vitalidad de la comunidad. Para poder medir estas dimensiones se utilizan 33 indicadores que se aplican en una encuesta: éstos van desde el nivel literario de la persona, la cantidad de contaminación en el distrito, la calidad de la salud de la persona y un largo etcétera.

Aunque el objetivo final del índice es medir la felicidad general de la población, también se puede medir el desarrollo de cada una de las dimensiones que lo componen, lo cual es bueno para ver la evolución de las condiciones de vida que se tienen en el país, por ejemplo, el nivel de educación, las condiciones de salud, etcétera. La última encuesta realizada en Bután acerca del FIB fue en el año 2015; entonces se encontró que la felicidad del país aumentó respecto del año 2010, pero también se evidenció que si se quería incrementar aún más la felicidad sería necesario mejorar la calidad de los servicios del gobierno y fortalecer la cultura y tradiciones del país.

La filosofía del gobierno de Bután ha llamado la atención de otros gobiernos y organismos. En 2016 Tailandia inauguró su propio centro de investigación acerca del FIB. Los Emiratos Árabes Unidos buscan ser una de las naciones más felices del mundo, razón por la cual miden anualmente el índice de felicidad y crearon la posición de ministro de Estado para la Felicidad, cuya misión es incentivar una cultura de felicidad entre el gobierno y la ciudadanía. Países como Reino Unido han comenzado a medir el bienestar de sus habitantes y con ello buscan implementar acciones enfocadas tanto en el crecimiento económico como en el bienestar y la felicidad. Bután afirma que este modelo de investigación no es estrictamente la mejor opción para poder analizar la felicidad de las personas, pero creen que es el comienzo de un nuevo camino para que los países puedan instituir las mejores políticas en función de sus ciudadanos.

El futuro es nuestro

Dicho de otra manera, es evidente que las reglas del juego en el mundo, y en nuestro país, dejaron de ser como las conocíamos. Estamos convencidos de ello. Vivimos una modernidad dominada en gran parte por la tecnología, el consumismo y el fastidio. En México experimentamos una sensación de incertidumbre ante los grandes sucesos ocurridos en algunos países y el cansancio de una sociedad cada vez más afectada en los diversos ámbitos de la vida, como se ha visto en las movilizaciones nacionales recientes. Ante este entorno mundial y local, ¿qué podemos hacer? ¿Acaso debemos adaptarnos y sobrevivir? ¿Aferrarnos al pasado o dedicarnos a crear nuestro futuro, aprovechando la nueva época que vivimos? Es importante que todos, tanto a nivel personal como en el plano de las organizaciones y de los países, nos asumamos como figuras del futuro, de avanzada, capaces de reinventarnos constantemente.

Por ello, debería emocionarnos la idea de crear nuevas condiciones para ser cada vez mejores y para contribuir a transformar esos fenómenos sociales —que sin duda son los que están en el origen de las decisiones que nos han sorprendido—. Busquemos apasionarnos y entregarnos 100% para ser protagonistas y constructores de un nuevo mundo. El futuro se crea hoy, en nuestro estado de ánimo, en la energía que invertimos en lo que hacemos, en las ideas que generamos y en la capacidad de imaginar su puesta en marcha. El futuro está hoy inmerso en la mente de cada uno de nosotros. Lo que imaginemos y seamos capaces de delinear hoy, será una realidad mañana. Eso es el futuro.

Hemos sido muy afortunados por haber nacido en la etapa de la historia que nos tocó, pero desgraciadamente muchos de nosotros, en especial los jóvenes, no nos hemos dado cuenta de que actualmente estamos en una recesión geopolítica no vista desde 1945 y, por ende, la humanidad está en un punto de quiebre que nos puede llevar a enfrentar problemas como los que ya se vivieron en la época de las guerras, de confrontaciones mundiales. Es por esto que 2018 debe ser un año para contarnos una narrativa diferente como país, como instituciones y como individuos. Un año en el que debemos ser proactivos en el diseño de nuestro destino, y construirlo con base en nuestras fortalezas —que son muchas—, pero tampoco esperar soluciones aportadas por alguien más o provenientes de fuera. Lo que nos falta, y en lo que todos debiéramos estar más preparados que nunca, es la voluntad de generar valor económico y social, no solamente para nosotros y quienes nos rodean, sino para la comunidad en general. Tenemos que ser más comunitarios, más ciudadanos y más respetuosos de la legalidad.

Lamentablemente, no hemos aprendido a ser colaborativos con la sociedad, y ésta es una condición absolutamente necesaria para asegurar que lo que tenemos frente a nosotros sea la extraordinaria oportunidad de ser partícipes en la gestación de un gran futuro para la humanidad. Estamos convencidos de que la coyuntura que se nos presenta será aprovechada si los gobiernos, de cualquier nivel, y la comunidad en su conjunto se organizan y cooperan para construir nuestro futuro de manera solidaria.

Todos, absolutamente todos los ciudadanos, tenemos que jugar algún rol de cooperación con lo público y lo comunitario. Hoy, más que nunca, no asumirlo y dejar sólo en manos del gobierno este posible cambio, provocaría perder esta gran oportunidad que tenemos de labrar nuestro futuro. En muchas partes del mundo se ha comprobado que cuando se organiza la sociedad y coopera de manera coordinada y complementaria con el gobierno, cuando busca que prevalezcan los intereses ciudadanos en el largo plazo y no los intereses políticos inmediatos, se genera el mayor bienestar y progreso de la comunidad. Pero para lograr esto se requiere que organizaciones de la sociedad civil cooperen y vigilen la transparencia y el combate a la impunidad en todos los procesos económicos de los gobiernos. No cabe duda de que estamos viviendo una maravillosa coyuntura: nuestros jóvenes podrán jugar un papel fundamental para cambiar su mundo, y ser ellos mismos los verdaderos generadores de ese cambio social, político y económico que tanto ambicionamos. Por este motivo, tenemos la certeza de que estamos listos para seguir mirando hacia adelante y con la frente en alto, sacando provecho de todo el conocimiento que tenemos a nuestro alcance, y siempre pensando en el bienestar de la comunidad, generando así valor público ante un entorno lleno de retos.*

¡El futuro es nuestro, está aquí y es ahora!

---

* Una versión de este texto ha sido previamente publicada en el periódico *El Norte* (15 de enero de 2017), con el mismo título y firmada por José Antonio Fernández Carbajal.

CAPÍTULO TRES

Una visión para México

La mejor forma de predecir el futuro es crearlo.

PETER DRUCKER

Si verdaderamente pensamos que lo que México exige en la actual coyuntura es una nueva visión, que sea integradora, coherente y propositiva, tenemos que comenzar por responder: ¿cómo se genera una visión de este tipo? Por la experiencia que los dos autores que firmamos este texto hemos desarrollado primordialmente en el sector privado, en posiciones de liderazgo en empresas nacionales y multinacionales, y nunca en puestos de responsabilidad pública, hemos estado expuestos al proceso que conlleva diseñar una visión, comunicarla efectivamente a una organización, y ejecutarla adecuadamente —a lo que aquí llamaremos proceso de cambio—.

Aunado a nuestro paso por el mundo de los negocios, a lo largo de nuestras trayectorias hemos interactuado con muchos otros líderes y organizaciones, de todos los sectores, que se han aventurado a implementar procesos de cambio. Los más exitosos han sido aquellos que no solamente han anticipado los cambios tecnológicos y las preferencias de sus clientes, sino que también supieron alinear sus estructuras organizacionales y la cultura de sus empresas para apoyar el nuevo rumbo, logrando que toda la organización fuera partícipe y adoptara como suya dicha visión.

En el libro *Empresa admirada: la receta*, publicado en 2011, encontrarán una perspectiva integral y práctica, desde la óptica del líder de una organización, sobre las mejores herramientas para llevar a cabo un cambio de visión por medio de una metodología ordenada para el proceso de transformación empresarial. Una realidad que descubrimos en aquel ejercicio fue que cualquier tipo de organización, sin importar su giro, tamaño o longevidad, podía convertirse en un modelo de admiración. Ser una organización admirada, además, es un objetivo dinámico, y por ello no basta saber copiar el modelo de otras empresas. El camino al éxito pasa precisamente por romper nuestros propios paradigmas a nuestra particular manera; la imitación solamente nos aleja de nuestros objetivos.

Este modelo de transformación —llamado VOC, pues consiste en alinear: visión, organización y cultura— permite que una organización entienda cómo encaja cada pieza para lograr un proceso de cambio. Pero el proceso VOC tiene aplicación más allá del mundo de las empresas, y por ello consideramos que es una herramienta adecuada para plantear una visión para México. En las siguientes secciones del libro ahondaremos en cómo se traduce cada uno de estos componentes en la creación de un nuevo modelo de país. En última instancia, independientemente de los roles que jugamos como ciudadanos, empresarios, líderes sociales o funcionarios públicos, todos debemos estar dispuestos a contribuir a la transformación de nuestro país, en beneficio de todos. El proceso VOC es una buena herramienta para comenzar a debatir este cambio necesario.

Cuando hablamos de los tres pasos —visión, organización y cultura— tendemos a dedicar la mayor parte del tiempo a la visión que plasmamos en los documentos que llamamos planes estratégicos; sin embargo, estos documentos o planes son la parte más sencilla de cualquier proceso de cambio o transformación. El mayor reto es hacer que los planes se hagan realidad, porque es justo entonces cuando nos diferenciamos por ser aquellos que logran los resultados, en contraste con aquellos que son maravillosos en diagnosticar los problemas o las oportunidades, pero que no pueden corregir los problemas y aprovechar las oportunidades.

El siguiente esquema muestra los tres procesos: alinear la visión, la organización y la cultura.

Figura 3.1. Modelo para alinear visión, organización y cultura.

Notarán que la superficie de los tres círculos es muy diferente en cada fase del proceso. La superficie del círculo nos indica la complejidad: mientras más amplia sea, más complejo será el proceso. Por esta razón, alinear la visión, cuyo punto de partida es esencial, sólo es la primera parte del proceso, pero representa únicamente entre 10 y 15% del proceso total. Tener una visión es importante porque, aunque aparente ser el elemento más fácil, nos daremos cuenta de que son muy pocos los países que tienen visiones que trascienden los ciclos políticos y logran un impacto más allá de sus fronteras; visiones que inspiran y dan una claridad de rumbo y establecen claramente los diferenciadores o ventajas competitivas que hacen único a dichos países. El poder de una visión es enorme pero no deja de ser sólo el punto de partida.

Alinear la organización es una parte compleja que muy pocos gobiernos se atreven a cambiar, por ser la forma de trabajo que heredaron. Son organizaciones que funcionaron en un modelo lento y no orientado a dar servicios en forma eficiente y rápida. Son gobiernos que siguen haciendo las cosas igual a pesar de la revolución tecnológica que nos ofrece la oportunidad de responder en forma instantánea a servicios que no requieren la intervención humana. Será casi imposible lograr implementar una visión si continuamos organizados en la misma forma fragmentada y por funciones que establecimos, las cuales se basan en teorías que datan del siglo xviii, con Adam Smith como pionero en 1776. Hoy requerimos organizaciones que tengan muy claros los procesos que realmente producen valor para los distintos públicos a los que servimos, y que sea a partir de dichos procesos que se establezca la organización gubernamental. Una vez definidos éstos, se podrá asignar quién los gestiona y quién los diseña, pues requerirán un trabajo de reingeniería y una mejora continua todos los días.

También será importante entender los procesos habilitadores, aquéllos que hacen que funcionen los procesos de valor; aunque el ciudadano no los vea, éstos servirán para hacer operativos los primeros. Ejemplos de ellos son: los espacios físicos de trabajo, la tecnología de la información, la administración del talento, los procesos de abasto estratégico, entre otros. En adición a éstos, se encuentran todos los demás sistemas y procesos que complementan al poder ejecutivo y le dan rectoría al Estado, como son los sistemas judiciales y legislativos, planeación, establecimiento de leyes, entre otros. Alinear la organización representa 30% del esfuerzo de transformación; es más complejo que el proceso de definir la visión, pero los resultados que se obtienen con este paso le dan velocidad y eficiencia al sistema de gobierno que bien vale la pena el esfuerzo que requiere.

Por último, se encuentra la alineación de la cultura. Posiblemente ésta es la parte más compleja y puede representar 60% del esfuerzo. Alinear la cultura puede tomar en su implementación tiempos mayores a cinco años, pues implica cambiar las actitudes y procesos humanos.

Hay un dicho muy poderoso que reza: "Mis padres no me señalaron cómo vivir, simplemente vivieron y me permitieron observarlos". Otra manera de aludir a esta misma idea sería: "La única forma de cambiar la cultura es predicar con el ejemplo". Se tiene que practicar lo que se predica. ¿Cuántos ejemplos tenemos de "jefes" dándonos instrucciones de atender con celeridad y de ser eficientes con los recursos mientras vemos una contradicción en sus conductas y la forma en que desperdician los recursos públicos? Hablan de dar servicio, pero, ¿cuándo se presentan en las oficinas de atención al público para entender sus necesidades y mostrar cómo deben ser atendidos? ¿Cuando ellos atienden son eficientes y rápidos, o hay que hacer largas filas para ser recibidos? La cultura es también uno de los temas más difíciles porque implica cambios no sólo de forma sino también de fondo que afectan muchos protocolos, o hasta tradiciones que tendremos que romper y que nos "dolerá" cambiar. Algunos ejemplos sencillos son: compartir espacios físicos incluyendo no tener salas y baños privados, los códigos de vestimenta, la flexibilidad en horarios laborales, las formas de compensación alineadas a los resultados esperados, entre otros.

ALINEAR LA VISIÓN: INDICADORES DE GESTIÓN

La primera fase del proceso de cambio consiste en "alinear la visión" a un propósito que explique la intención de la organización, para que posteriormente se definan las ventajas competitivas y diferenciadores que harán realizable dicha aspiración. Una vez definidas las ventajas competitivas, se deben establecer estrategias para cada una de ellas. Convertir estas estrategias en planes de acción y métricas es el último paso antes de iniciar la implementación o ejecución.

Por lo general, la visión es una frase corta que inspira a una sociedad para apuntarla a lo que intenta y quiere llegar a ser. Es una propuesta de valor o una aspiración que genera un compromiso compartido para generar mejores resultados. La visión es una imagen mental, una guía para tomar decisiones que permitan alcanzarla. Como veremos más adelante, México necesita una nueva visión que ponga, por un lado, al ciudadano en el centro de los procesos de creación de valor y, por el otro que impulse al país a un mayor nivel de desarrollo.

La única forma de hacer realidad esa visión planteada es que se encuentre sustentada por ventajas competitivas sostenibles en el largo plazo, de lo contrario, sólo será una ilusión y buenos deseos. Una ventaja competitiva es un diferenciador que no es fácil duplicar en el corto plazo y el cual crea una superioridad sobre otros países. Identificar y hacer visibles dichas ventajas es el paso más importante que tenemos que dar para empezar a aterrizar una visión. En el caso de las empresas serían sus marcas, patentes y sistemas de distribución, por mencionar algunas; y en el caso de los países serían sus ciudades, su posición geográfica, su infraestructura logística, su base turística, su ecosistema de apoyo al emprendimiento, sus sistemas educativos y de atracción de talento, su nivel de investigación científica, así como qué lo hace un lugar atractivo para vivir y qué tan feliz y segura vive su población.

Si revisamos con atención cada país encontraremos que suelen tener dos o tres diferenciadores que los distinguen y que nos vienen a la cabeza como sus ventajas. Ésta es la razón por la cual es imperativo para México detectar cuáles son estos diferenciadores que nos harán únicos para que, una vez identificados, podamos hacerlos visibles para todos, cuidarlos y reforzarlos para integrarlos en una visión al 2030 o, incluso, de mayor alcance en el tiempo. Asimismo, también hay algunos diferenciadores que hoy no tenemos como fortaleza pero que deseamos construir y, por lo mismo, deben formar parte de la nueva visión de nación. No obstante, siempre es recomendable que el punto de partida se sustente en elementos reales sobre los cuales podamos arrancar y potenciar una visión.

Detengámonos a discutir cuáles características de los países no parecen construir ventajas perdurables. Un ejemplo, tomado de un ensayo anónimo que ha circulado por las redes sociales, se relaciona con la "antigüedad" de un país. "Queda demostrado en los casos de países como India y Egipto, que tienen mil años de antigüedad y son pobres", dice el texto. Por otro lado, países como Australia y Nueva Zelanda, que no existían hace dos siglos, hoy son países desarrollados y ricos.

Del mismo modo, la diferencia entre países desarrollados y aquellos menos exitosos tampoco podemos ligarla a los recursos naturales, pues países como Singapur y Japón, que tienen territorios comparativamente pequeños y con pocos recursos naturales, han logrado convertirse en potencias económicas y modelos de desarrollo líderes en el mundo. Según consta en el recién citado artículo:

> Pensemos en Suiza, que, sin océanos, tiene una de las mayores flotas náuticas del mundo; no tiene cacao, pero sí el mejor chocolate del mundo; en sus pocos kilómetros cuadrados, cría ovejas y cultiva

el suelo sólo cuatro meses al año ya que el resto del tiempo es invierno, pero tiene los productos lácteos de mejor calidad de toda Europa.

Veamos otro ejemplo. Durante más de cuatro décadas, la marca país de Colombia estuvo plagada de tantas connotaciones negativas que parecían no tener fin. Hacia finales del siglo anterior, además de ser sacudida por la violencia de las guerrillas de izquierda y grupos paramilitares de derecha, las atrocidades del narcotráfico y sus cárteles y los varios escándalos de corrupción hicieron que la cuarta economía más grande de Sudamérica enfrentara importantes problemas económicos y sociales que afectaron mucho su competitividad y su progreso. Sin embargo, entre 2000 y 2010, Colombia se embarcó en un activo esfuerzo para "reposicionar" su marca país, más conocido por su efectiva campaña de *marketing* llamada "Colombia es pasión". Su objetivo primordial era generar confianza en el público extranjero, y tuvo un enorme impacto positivo en el turismo y la inversión extranjera; empero, la principal razón del éxito de la campaña fue la mejora tangible en el desarrollo socioeconómico del país: una (muy bien documentada y comunicada) mejora en la seguridad, incluyendo una caída masiva en las tasas de homicidios y criminalidad del país, una serie de tratados fiscales innovadores y zonas de libre comercio, pactos de estabilidad jurídica y una mejora del ambiente de negocios.

El caso de Colombia, uno de los más exitosos que hemos vivido en la región de Latinoamérica, ha sido relatado en un libro escrito por quien fuera ministro de Comercio durante la presidencia de Álvaro Uribe. En *Alcanzando el futuro deseado: transformación productiva e internacionalización de Colombia*, Luis Guillermo Plata documenta la manera en que nuestro vecino sudamericano pudo comprender que la mayor ventaja competitiva que tenía Colombia era su gente. Desde entonces, muchos colombianos destacados viviendo en distintos lugares del mundo nos han seguido recordando por qué Colombia es pasión y talento. Por primera vez vimos unida a una sociedad, y figuras como Botero, Shakira, Gabriel García Márquez, Carlos Vives y Juanes nos mostraron, al mundo y a los colombianos, que ahí radica el mayor diferenciador para transformar Colombia.

Y, siguiendo esa misma dirección, hace unos años el presidente Juan Manuel Santos lanzó una visión rumbo al 2025 para hacer de Colombia el país más educado de Latinoamérica. Estableció un programa sin precedente de movilidad social llamado Ser Pilo Paga, que puede resumirse en la creación de un fondo para becar a los mejores estudiantes colombianos en las mejores universidades del país, sean públicas o privadas. Con esto se creó un sistema que demuestra el beneficio de tener una cultura basada en la meritocracia que está elevando el nivel educativo del país, pues pertenecer al grupo de Ser Pilo Paga es un gran aliciente y orgullo para estudiantes y padres de familia.

Así llegamos a preguntarnos: ¿qué ventajas competitivas puede construir México para empezar a competir con países como Suiza, Japón o Singapur, como busca hacer Colombia? Si tuviéramos que elegir, no debieran ser más de tres o cuatro para lograr una transformación efectiva de nuestro país. Con todo, también debemos recordar que muchos países nos llevan la delantera en numerosos temas económicos y sociales. Siempre decimos que somos la economía número 10 o 12 del mundo, pero veamos con atención en qué lugar estamos en los siguientes indicadores del Foro Económico Mundial, el Banco Mundial y las Naciones Unidas:

COMPETITIVIDAD INTERNACIONAL	FACILIDAD PARA HACER NEGOCIOS	DESARROLLO HUMANO
World Economic Forum: Global Competitiveness Report 2017	Banco Mundial: Doing Business 2017	Organización de las Naciones Unidas: Human Development Report 2016
1. Suiza	1. Nueva Zelanda	1. Noruega
2. Singapur	2. Singapur	2. Australia
3. Estados Unidos	3. Dinamarca	3. Suiza
4. Holanda	4. Honk Kong	4. Alemania
5. Alemania	5. Corea	5. Singapur
8. Japón	9. Suiza	17. Japón
24. Israel	34. Japón	69. Irán
51. México	**47. México**	**77. México**
62. Rumania	50. Italia	79. Brasil
74. Croacia	52. Israel	84. Ucrania
81. Brasil	78. China	90. China

Figura 3.2. Lista de indicadores globales.

Cuando vemos que en la mayoría de los indicadores estamos, en promedio, entre la posición 50 y 70, surge la pregunta: ¿de dónde anclamos una visión que sea poderosa, creíble e inspire a nuestra sociedad? Encontrar qué es lo que diferencia a los mexicanos del mundo entero no es fácil y por ello pusimos en marcha un ejercicio para elaborar frases, que posteriormente compartimos con conocidos para ver si en forma espontánea las relacionaban con México. Había muchas frases maravillosas, como "el lugar donde se gestan y viven ideas transformadoras". Aunque nos hubiera encantado que al escucharlas hubieran pensado en México, estamos aún lejos de ocupar ese lugar.

Solamente para ejemplificar dónde estamos en innovación empresarial, preguntémonos: de las 50 empresas más importantes de México, ¿cuántas fueron fundadas en los últimos 25 años? Seguramente ninguna; y si vemos esto mismo en Estados Unidos, veremos que se trata de un número muy significativo. Inclusive las más valiosas, como Facebook, Amazon y Apple, son empresas de creación reciente. En diciembre de 2017, en el país con el que colindamos al norte había 127 "unicornios" (*startups* con valor mayor a mil millones de dólares); nuestro país no tiene, ni ha tenido, ninguno.

Hubo una frase que sí identificó muy rápidamente a México y que se relaciona con su actitud, su talento, la juventud de su gente y su cultura del trabajo. Esta expresión condensa algunas de las características por las que nos admiran desde el exterior y que abona a la confianza de que México es un buen lugar para invertir, un lugar al cual hay que apostarle:

MÉXICO: DONDE HACEMOS QUE LAS COSAS SÍ SUCEDAN

El poder de esta frase es contundente, pues significa dar por hecho que todo lo que nos propongamos sucederá; que somos una sociedad que, cuando se decide, se une y cumple, y que, a pesar de la adversidad, cuando vemos un rumbo y un camino que nos anima, nos unimos a él y hacemos que las cosas verdaderamente sucedan. Ejemplos de cómo la adversidad ha unido a México lo hemos visto en momentos de crisis terribles, como en los terremotos de 1985 y 2017, los huracanes *Gilberto, Wilma* y *Emily*, y las inundaciones en Tabasco. Hoy, las fábricas de manufactura que se han instalado en México hablan de la calidad de nuestra mano de obra y de la actitud de su gente, y éste, sin lugar a dudas, es un punto en el que podemos anclar una visión para conducir a México a otro nivel, una visión que nos inspire. Sí, es por ello que nuestra propuesta va en esta misma línea, pero también más allá: proponemos que la esencia de esa visión se centre precisamente en este elemento poderoso y creíble, porque "en México hacemos que las cosas sí sucedan".

Entonces, ¿cuáles son los cuatro diferenciadores en los que deberíamos concentrarnos para lograr el salto cuántico al que México aspira? No podemos obviar que todo esto se encuentra estrechamente ligado al talento de los mexicanos. Si estamos de acuerdo en que nuestro objetivo es llegar a convertirnos en una economía del conocimiento, resulta imprescindible partir del talento como un detonador clave. Con esto en mente, enlistamos cuatro diferenciadores que, como sociedad, deberíamos enfatizar; México se caracteriza por:

1. Talento pujante, comprometido y capaz.
2. Un vibrante espíritu emprendedor.
3. Un gran lugar para vivir, seguro y lleno de oportunidades.
4. Un ecosistema amigable para la innovación.

El bienestar de un país depende de la creación de riqueza, y ésta se genera con la creación de empresas. Si nos preguntamos qué hace exitosa a una empresa, la respuesta sería el atraer, retener y desarrollar el talento; y, si esto lo llevamos a una mayor escala, a nivel país, sucede exactamente lo mismo. Primero, tenemos que lograr atraer el talento más brillante de cualquier lugar —y en esto las universidades, los centros de investigación y la política migratoria juegan un papel crucial—; después, para retenerlo, requerimos ciudades seguras, divertidas y habitables; por último, para su desarrollo y para la creación de empresas requerimos de un ecosistema muy amigable y promotor para los negocios que estimule el ahorro y la reinversión de utilidades.

En los siguientes capítulos explicaremos las estrategias que se requieren para cada una de estas etapas.

En el mundo de los negocios existe una regla que siempre ayudará a movilizar una organización: piensa en cómo explicar a un extraño tu visión en menos de un minuto, y en ese mismo tiempo logra inspirarlo, emocionarlo y conectar con él.

En el siguiente ejercicio vamos a ir calificando dónde nos encontramos como punto de partida; con el afán de simplificarlo, sólo manejaremos tres opciones, correspondientes a los colores blanco, gris y negro: el gris implicará estar en la media tabla (mediocridad), el blanco representa una debilidad, y el negro, una fortaleza. Como descubriremos, los promedios no deben ser nuestra única guía, pues son el resultado de las partes individuales y, cuando veamos las distintas estrategias que estamos proponiendo para los cuatro diferenciadores, sabremos que habrá enorme diversidad dentro de nuestro país. Además, es importante señalar que nuestras calificaciones son percepciones de una muestra reducida de personas. Sin embargo, el ejercicio que deseamos comunicar es lo relevante y permanece igual.

En las tres primeras ventajas competitivas nos encontramos en gris, mientras que, en la última, la que tiene que ver con la forma en la que nuestro sistema de gobierno atrae el talento e innovación, nos encontramos en blanco. Cualquier sueño requiere que exista una distancia o una brecha para trabajar y poderla alcanzarla en el tiempo, como se da aquí. Por eso creemos que este punto de partida nos brinda una gran oportunidad. En los siguientes capítulos nos dedicaremos a analizar cada una de estas ventajas competitivas, pero hasta aquí basta con mencionar brevemente las cuatro estrategias que hemos diseñado para cada una ellas (como se puede apreciar en la figura de la siguiente página). Son cuatro estrategias para cada uno de los cuatro diferenciadores, y aunque seguramente podrían enlistarse más, nos parece sensato concentrarnos en este número: cuatro diferenciadores, por cuatro estrategias, nos da un total de 16 estrategias, y la implementación segura de cada una de éstas implicará tener entre cinco o 10 programas. Al elevarse las cifras podríamos perdernos muy fácilmente.

MARCA MÉXICO

ESENCIA: Donde hacemos que las cosas sí sucedan

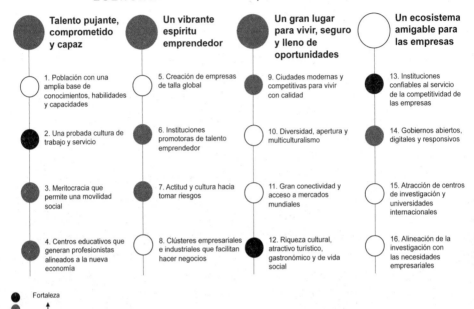

Figura 3.3. Marca México: cuatro diferenciadores, 16 estrategias.

Como se puede notar, aquí radica la visión de cambio para que México se convierta en una economía del conocimiento. En cada una de estas estrategias hemos intentado hacer el mismo ejercicio de evaluación y, como queda en evidencia, sí encontramos algunas áreas en las que México se encuentra con calificación negra. Las fortalezas que detectamos son:

- Una probada cultura de trabajo y servicio
- Riqueza cultural, atractivo turístico, gastronómico y de vida social
- Instituciones confiables al servicio de la competitividad de las empresas

También son de subrayarse las áreas en las que estamos en blanco, o muy por debajo de la media; éstas son las que debemos trabajar más:

- Población con una amplia base de habilidades y capacidades.
- Creación de empresas de talla global.
- Clústeres empresariales e industriales que facilitan hacer negocios.
- Diversidad, apertura y multiculturalismo.
- Gran conectividad y acceso a mercados mundiales.
- Atracción de centros de investigación y universidades internacionales.
- Alineación de la investigación con las necesidades empresariales.

En las restantes seis categorías, que representan aproximadamente 38%, nos encontramos en la media tabla:

- Meritocracia que permite una movilidad social.
- Centros educativos que generan profesionistas alineados con la nueva economía.
- Instituciones promotoras de talento emprendedor.
- Actitud y cultura hacia tomar riesgos.
- Ciudades modernas y competitivas para vivir con calidad.
- Gobiernos abiertos, digitales y responsivos.

EJECUTAR LA ESTRATEGIA: INDICADORES DE GESTIÓN

La implementación de un plan y la ejecución de una estrategia son temas cruciales; esto último une las aspiraciones con los resultados y representa un gran desafío intelectual, emocional y creativo. Para que un país traduzca las estrategias en acciones tiene que establecer cuáles son los indicadores o las métricas que indiquen los avances o en dónde se está y adónde se quiere llegar. Un número excesivo de indicadores genera conflictos, pues no se sabe realmente cuál es el más importante o cuál el más crítico o más urgente. Por esta razón, resulta imprescindible priorizarlos.

En adición, un gobierno cuya organización es muy compleja, jerárquica y con una división de tareas por funciones, y no por procesos alineados a los ciudadanos, complica la ejecución de la estrategia que nos ayudará a alcanzar la visión. Es por ello que un buen ejercicio (sin ser el único) consiste en seleccionar un máximo de diez indicadores de gestión que puedan considerarse de "primer nivel". Esto trae consigo ventajas, siendo la principal el hecho de que todos podrían entender las prioridades ante un conflicto o ante la escasez de recursos. Aunado a esto, también se pueden establecer los sistemas de información y retroalimentación adecuados; se puede estimular, entrenar y reconocer a la gente en función de los avances logrados y de esta forma anclar una cultura de continuidad, con miras al largo plazo. Seguramente, tras establecer estos diez indicadores, encontraremos algunos que no medimos y distinguiremos otros que fueron medidos pero que no son visibles o no son importantes; también nos daremos cuenta de que hay muchos indicadores que usamos diariamente que no son parte de esa primera selección, y poco a poco deberemos ir quitándoles la importancia relativa contra los otros diez.

En este punto, es importante recordar que, en una economía del conocimiento, lo más valioso son los intangibles que no están en los libros y cuentas nacionales, pues una parte trascendental de lo que determinará el éxito de los países en las siguientes décadas será el valor intelectual (como su talento, su propiedad intelectual, su cultura, sus valores, etcétera). Fijar estos indicadores y darles visibilidad es un gran reto para alinear a un país, porque, como apunta otro dicho muy popular: "La gente hace lo que ve, no lo que se le dice". Si premiamos e incentivamos estos diez indicadores, los comportamientos cambiarán muy rápido; estamos convencidos de ello.

Si analizamos aquellos países cuyo ingreso per cápita supera al nuestro más de tres veces, y su velocidad de crecimiento es superior a la media mundial, encontraremos un común denominador en su forma de organizarse y medir prioridades.

Intentamos hacer un ejercicio para seleccionar estos diez indicadores que sirvan de referencia en el caso mexicano; desde luego, habrá algunos desacuerdos, pero la validez de la mayoría será incuestionable. A continuación, enunciamos los que consideramos más significativos (aunque, cabe mencionar, en ningún momento pretendemos ser exhaustivos):

1. *Índice de educación*: resultados PISA; porcentaje de estudiantes en universidades de calidad; porcentaje de estudiantes en secundaria y preparatoria, universidades y centros de investigación internacionales; porcentaje de estudiantes extranjeros en educación superior, y porcentaje de escuelas de calidad.

2. *Índice de salud*: esperanza de vida, consumo de tabaco, población no sedentaria (deportes), obesidad infantil, diabetes, muertes por cáncer, muertes por enfermedades cardiovasculares y centros de salud de calidad.

3. *Índice de desarrollo humano*: esperanza de vida; educación primaria, secundaria y terciaria; estándares de vida (PIB per cápita); inclusión social (coeficiente de Gini); acceso a servicios básicos, y personas en pobreza extrema.

4. *Índice de seguridad*: confianza en policías, soporte de emergencias, eficacia del sistema judicial, sentido de seguridad e índices delictivos.

5. *Índice de competitividad*: innovación, crecimiento, emprendimiento y creación de nuevas empresas; inversión directa y extranjera, índice de competitividad global (WEF); facilidad de abrir negocios, y tiempo que se requiere para abrir una empresa.

6. *Índice de inclusión social y familiar*: equidad de género y oportunidades.

7. *Índice de sustentabilidad ambiental e infraestructura*: energía limpia; calidad del aire; porcentaje de basura reciclada; porcentaje de agua reciclada; infraestructura de carreteras, puertos y aeropuertos, y logística (World Bank).

8. *Índice de conectividad y tecnología*: gobierno digital en línea y porcentaje de trámites en línea.

9. *Economía del conocimiento*: profesionistas en la economía del conocimiento e inversión en investigación y desarrollo (pública y privada).

10. *Índice de felicidad y satisfacción a la vida*.

Este último índice que proponemos es algo muy novedoso, porque aquellos países que lo están tomando en cuenta están moviéndose a la siguiente ola del desarrollo, como repasamos en el capítulo anterior. Éstos se están enfocando en medir los factores que influyen en la felicidad y las fortalezas del carácter, en establecer políticas públicas que promuevan la felicidad y el positivismo e inclusive creando una secretaría de la felicidad de primer nivel.

ALINEAR LA ORGANIZACIÓN

La segunda fase del proceso de cambio consiste en "alinear la organización" con el objetivo de convertir la visión en una realidad. En los negocios, cambiar paradigmas y transformar una organización lleva mucho tiempo, ya que implica cambiar conductas, así como ceder el poder del jefe al cliente. La mayor complejidad en la implementación de esta fase hace que sean menos de 10% los gobiernos o instituciones que operan con una organización por procesos centrados en el cliente o ciudadano. Pero quienes lo logran se vuelven muy eficientes y los niveles de bienestar y crecimiento que se generan superan considerablemente al promedio. Es en este punto donde los gobiernos comienzan a ser admirados por sus sorprendentes resultados y crean un círculo virtuoso de atracción de talento, capital, turismo, etcétera.

La generación de estos círculos positivos siempre tiene un punto de inicio. Como hemos enfatizado a lo largo de estas páginas, tener una visión que inspire siempre será el punto de partida, pero tener un gobierno eficiente, rápido, digital y con la cultura enfocada al servicio, enamora y nos convence de que la visión no sólo queda bien en papel, sino refuerza nuestro compromiso y nuestra esencia de país.

Los clientes —éste sería el equivalente de los ciudadanos dentro del universo empresarial— son la fuerza dominante, son nuestra razón de existir, son los que mandan. Así, hoy debieran ser los ciudadanos los que decidan lo que quieren, cuándo lo quieren, cómo lo quieren y cuánto están dispuestos a pagar. Lo que tienen que hacer los distintos niveles de gobierno es ponerse en los zapatos de ellos, de los ciudadanos, y organizarse en torno a los procesos de pensamiento que *ellos* tienen. Asimismo, deben darse cuenta de que la existencia de cualquier institución y organización se basa en dar respuestas y soluciones a los procesos de valor y a los públicos que sirve, tales como: abrir una empresa, construir una casa, pagar impuestos, detectar anomalías, realizar cualquier trámite, recibir atención en un centro de salud, entre otros. Para rediseñar los procedimientos y organizarse con un enfoque al cliente, se requiere hacer una reingeniería de los mismos. ¿Qué significa esto? Hacer una revisión fundamental y el rediseño radical de los procesos que dan valor a los clientes con los que se cuenta (pues éstos no siempre son exclusivamente los ciudadanos, también podemos nombrar aquí a extranjeros, empresas, universidades, organizaciones civiles, emprendedores y centros de investigación, entre otros). Cada uno de ellos requiere distintos servicios de valor agregado para alcanzar mejoras de desempeño, como lo son el costo, la calidad, el servicio y la rapidez.

Cuando pensamos en la organización de México, nos referimos a la sociedad en su conjunto, incluyendo a la ciudadanía, su gobierno y los distintos sectores que lo componen. En este sentido, debemos ser capaces de articular una visión de un México y un mundo diferentes y comunicarla a muchas audiencias distintas, así como definir claramente los roles que cada sector debe jugar para alcanzar esta nueva realidad.

Son tiempos propicios para ofrecer, sin duda, cambios que generen progreso compartido, y no soluciones inviables o utópicas que resulten perjudiciales incluso para quienes se pretende beneficiar. A los mexicanos nos corresponde tomar la iniciativa con respuestas constructivas, decididas y eficaces. Impulsar la actitud de tender puentes, fomentar alianzas estratégicas, contrario a construir muros o provocar rupturas, defender los acuerdos de intercambio y colaboración mutua que nos han beneficiado y continuar revisando juntos los pilares y las insuficiencias de la globalización, y de nuestro modelo de desarrollo.*

★ Los autores del presente libro, hemos profundizado en esta idea en un artículo de opinión publicado el 15 de noviembre de 2016 en el periódico *El Norte*, con el título "Un futuro en común".

Alinear la cultura

Finalmente, la tercera fase del proceso es la transformación de la cultura que da vida a la organización, para que el cambio sea sostenible con el paso del tiempo. Todos los miembros deben entender cuáles serán los principios que se desean implementar para así lograr congruencia entre el decir y el actuar. Alinear la cultura al nuevo ambiente competitivo implica hacer ajustes en la organización, la tecnología, los procesos, los factores ambientales en centros de trabajo, la cultura y los comportamientos humanos. No se trata de avanzar en unos y dejar pendientes otros, pues todos son temas interdependientes.

Sigamos con nuestra analogía del mundo empresarial. Sabemos que son muy pocas las empresas que se atreven a cambiar la cultura debido a la resistencia que tienen los líderes, pero tampoco se imaginan que los temas de cultura puedan llegar a influir de forma tan significativa en las utilidades de la organización. Alinear la cultura es la fase del proceso que permite tener una ventaja competitiva de ser una organización rápida, flexible e innovadora. Los valores de una organización son el pegamento que aglutina a las personas con ideas diferentes. Los miembros se unen a través de un código de valores que todos adoptan y viven con el ejemplo. Hoy, las empresas requieren de un grupo diverso de personas que piensen de forma diferente, ya que esto enriquece las ideas de negocio; pero, a la vez, es necesario que éstas estén unidas por una visión y los valores de la organización.

En México tenemos que retomar nuestros valores y partir de ellos, de todos nuestros principios y nuestras creencias más arraigadas. Tenemos que regresar a la esencia de lo que valoramos. Debemos tener muy claro nuestro norte verdadero y, de ser necesario, ajustar la ruta para llegar más rápido a nuestro destino. Es un buen momento para reafirmar los valores en los que creemos:

- En la libertad de las personas.
- En el Estado de derecho.
- En la corresponsabilidad de los individuos, las empresas y todas las organizaciones ciudadanas hacia sus comunidades.

- En un capitalismo consciente que busque la creación de valor para los diferentes *stakeholders*, o partes interesadas, que integran un mercado o una comunidad.
- En ser ciudadanos del mundo.
- En el valor de la diversidad y la inclusión.
- En cuidar la naturaleza y el medio ambiente para las futuras generaciones.
- En la trascendental importancia de la educación para transformar a una sociedad.
- En una cultura basada en la meritocracia que busque llevar siempre igualdad de oportunidades para todos.
- En el valor de la disciplina, el esfuerzo y el respeto hacia los demás.
- En que esa libertad de las personas también implica obligaciones y responsabilidad sobre sus propios actos.
- Y, por último, creemos en la capacidad del ser humano para avanzar en la ciencia, para innovar y para emprender.

Ante el desánimo, la polarización y el espectro de las salidas fáciles, mágicas y frágiles que abundarán en las campañas políticas que vienen, nada es más importante que hacer un verdadero ejercicio de introspección nacional. Necesitamos construir un modelo de país que nos catapulte al siglo XXI con todo lo mejor de nuestras raíces.

En todo esto, la innovación se devela como el ingrediente más importante para impulsar a México hacia la economía del conocimiento. Las empresas que logran vivir sus valores y su cultura al máximo crecen a un ritmo mucho más rápido que las demás, son más rentables y, por lo general, entran a la categoría de empresas admiradas. Éstas son las organizaciones que no están enfocadas en el jefe, sino en el cliente; están centradas en el individuo. Sus procesos son ejecutados con disciplina y se alejan de la improvisación; las personas que trabajan en ellas distan de ser empleados, más bien son emprendedores. El trabajo en estas empresas es más desafiante, sí: porque además de tener puestos más complejos, operan con mucha autonomía e innovación, y esto invariablemente implica confiar en cada individuo; todos, y cada uno, son la parte central de lo que se espera como resultado.

Tenemos que ser capaces de afianzar a nuestro país sobre la base de esos valores y principios, pues nos llevarán a ser un país innovador. "Si no somos nosotros, ¿entonces quiénes?", "Si no es ahora, ¿entonces cuándo?" En la historia, diversas naciones ya se han planteado estas cuestiones y creemos pertinente recordarlas aquí a propósito de nuestro país. El momento de cambiar a México ha llegado. ¿Estaremos listos para asumir el reto?

En 1994, Jim Collins y Jerry Porras publicaron el libro *Built to last*. Ahí, los autores presentan su análisis sobre los motivos por los que una empresa perdura a través del tiempo y la adversidad, y concluyeron que hay dos elementos en común en todos los casos que tomaron, y que creemos que estos mismos también pueden apreciarse en aquellos países que hoy admiramos y que han logrado resultados muy superiores a la media mundial. Las dos características que señalaron los autores son: primero, una visión muy clara a largo plazo, de la cual procuraban no desviarse; y, segundo, una escala de valores que los hacía muy distintivos, que respetaban, cuidaban y vivían con tal intensidad que los hacía únicos. Los líderes de estas organizaciones construyeron procesos armónicos y ventajas competitivas que trascendieron el tiempo. No eran los líderes carismáticos y protagonistas, pero sí lograban empoderar a su personal con una cultura de mejora continua e innovación permanente.

Sólo para ejemplificar mejor lo que estamos diciendo, miremos hacia Japón, un país que, a pesar de tener un territorio cinco veces menor a México y contar con la misma población, tiene un ingreso por habitante cinco veces mayor al nuestro. No tiene recursos naturales pero tiene un par de valores que los hace únicos: "confianza y honorabilidad" y "mejora continua". Ellos cumplen sus promesas y son puntuales, y eso los ha llevado a desarrollar una cultura de eficiencia que acuñaron con el término: "Just in time", que se traduce como "Justo a tiempo". Esto les ha permitido no contar con niveles de inventario, debido a que tienen un nivel de cumplimiento muy alto con sus compromisos, y un segundo valor de todos los días hacer las cosas mejor que el día de ayer: ese proceso de mejora continua hace altamente innovadora a toda su población.

Por eso cabe preguntarnos: ¿tenemos valores distintivos que nos puedan llevar al éxito como país? Nuestro México definitivamente tiene pequeños ejemplos, aquí y allá, del tipo de cultura que nos podría conducir a ese futuro anhelado: historias de hombres valientes, de guerreros incansables, de gente de honor; historias de mérito. El sector empresarial, en particular, nos ha nutrido de ejemplos de personas valientes, congruentes y con buenos principios. Pensemos en don Eugenio Garza Sada, empresario, ingeniero y filántropo de Monterrey, quien no solamente fundó una de las empresas más importantes del país, sino que basó sus decisiones en una serie de principios y conceptos que desarrolló con los años y que se encuentran reunidos en lo que llamó *Ideario Cuauhtémoc*. Sin adentrarnos a detalle en esto, queremos compartirles nada más el primero de los 17 principios contenidos en sus enseñanzas, por la notable coincidencia que tiene con lo que aquí estamos tratando: "Reconocer el mérito en los demás".

CAPÍTULO CUATRO

Talento pujante y capaz

La meritocracia es el mejor antídoto al clientelismo.

JUAN E. PARDINAS

Para poder competir en la economía del conocimiento, la primera ventaja competitiva que requiere desarrollar nuestro país es cultivar el mejor talento posible. Esto conlleva no sólo la capacidad de detectar y catalizar a las mentes más brillantes a lo largo del territorio nacional, sino también la de atraer talento internacional que venga a nuestro país a desarrollar su potencial. Asimismo, implica retener a dichos talentos. ¿Por qué? Para que apliquen su conocimiento aquí y puedan crear beneficios para la sociedad en la que se encuentran. No podemos ignorar que, para que este talento se convierta en realidad y obtenga la experiencia requerida para poder generar valor en nuestra sociedad, se requiere tiempo, y de un tiempo considerable, y aun así siempre valdrá la pena la inversión. Como profundizaremos en este capítulo, esta ventaja competitiva es, además, la que tenemos que atender con más urgencia, y por mucho. En realidad, ésta debió ser nuestra prioridad más relevante desde hace décadas.

Así, en *Un México posible* compartimos cuatro estrategias que hemos diseñado para encauzar esta ventaja competitiva. Primero, debemos asegurar que nuestra población cuente con una amplia base de conocimientos, habilidades y capacidades. Segundo, es importante que en México florezca nuevamente la cultura del esfuerzo, que valora la disciplina, el trabajo digno y la disposición al servicio. Pero, ya que de nada sirve tener una gran oferta de personas capacitadas, comprometidas y dispuestas a trabajar si éstas no encuentran las oportunidades

adecuadas —o si no obtienen una justa recompensa por sus esfuerzos—, también es importante fomentar una verdadera mentalidad
conjunta que favorezca la meritocracia, que nos permita impulsar la
movilidad social; ésta, precisamente, es el núcleo de la tercera estrategia. Y, por último, regresando un poco a la introducción de este libro,
nuestra cuarta estrategia se concentra en la necesidad que tiene nuestro país de más instituciones educativas de alta calidad que formen el
talento que necesitamos. Como veremos más adelante en este apartado, México tiene mucho trabajo por hacer en estas áreas para poder
convertirse en una verdadera economía del conocimiento. Nuestro
país no tiene hoy las condiciones idóneas para atraer personas capacitadas de otros países, centros de investigación, o universidades extranjeras. Y, en suma, también estamos perdiendo la batalla para retener al
joven talento mexicano que se desarrolla en el país.

POBLACIÓN CON UNA AMPLIA BASE DE CONOCIMIENTOS, HABILIDADES Y CAPACIDADES

Cuando nos ponemos a pensar que sólo 16% de nuestra fuerza laboral
tiene estudios universitarios, podemos concluir que el sistema educativo mexicano ha fracasado en las últimas décadas. Nuestros niños
y jóvenes, particularmente aquellos con baja capacidad económica,
enfrentan problemas de cobertura, calidad y medios para educarse. El
gasto público que México destina a educación en relación con el PIB
ha pasado de 3.9%, en 1995, a más de 5% desde 2010. Esto coloca
a nuestro país en un nivel superior a la media del G7, y comparable
con Canadá y Estados Unidos. Sin embargo, México todavía presenta un bajo desempeño educativo, incluso si lo contrastamos con
otros países con un gasto por estudiante similar. El análisis de cómo
se distribuye ese gasto es un rubro que exige profundidad y, sobre
todo, expone decisiones relevantes a tomar.

En este escenario, no es sorprendente que en México solamente 59 de cada 100 jóvenes de 15 años permanezcan en la escuela. En
2015, solamente 19% de los adultos de entre 25 y 64 años se había
graduado de la escuela superior; no olvidemos que la tasa promedio

de países de la OCDE es de 40%. Estos resultados dependen en gran medida del ingreso familiar, pues existen grandes diferencias en cuanto a cobertura de educación superior a través de los distintos deciles de ingreso. Los estudiantes de bajos ingresos tienen pocas alternativas para financiar su educación superior dada la limitada capacidad actual del sistema educativo público. Siete de cada diez personas que abandonan la escuela después del nivel secundaria lo hacen por razones económicas.

La triste situación que hoy vive México, en cuanto a su capacidad de producir graduados de alta calidad, no solamente afecta a los estudiantes que abandonan sus estudios: también afecta a la economía en su conjunto. De acuerdo con la empresa de recursos humanos Manpower, 43% de los empleadores en el país enfrenta serios problemas para cubrir las posiciones por falta de talento disponible. Sumémosle a este escenario los enormes incentivos que muchos de estos jóvenes encuentran para abandonar el país, y encontraremos la razón de un sistema en crisis. Con esto aludimos al fenómeno demográfico conocido como la "fuga de talentos", en donde los mexicanos capacitados y de alta educación deciden emigrar a otro país para poder tener un mejor desarrollo de sus habilidades y además recibir una mejor recompensa por su trabajo; decisión que toman después de comparar lo que habrían obtenido de quedarse a trabajar o a estudiar en el país. Hay diferentes cifras que lo comprueban, por ejemplo, se sabe que uno de cada tres mexicanos con título de doctorado se encuentra fuera del país. Es decir, existen más investigadores mexicanos en las instituciones de Estados Unidos que en la base de afiliados al Sistema Nacional de Investigadores de México.

En el estudio intitulado "Fuga de cerebros", de la autoría de José González Rodríguez, se muestran varios ejemplos del tamaño de la situación de la migración de mexicanos con talento hacia otros países. Y, en un análisis de la OCDE en 2011, México encabeza la lista en el número total de emigrantes con alto nivel educativo en América Latina. Se estima que en la última década hemos perdido un total de 900 mil personas capacitadas, que representan una tasa de emigración de 6% de personas; comparemos esta cifra con las tasas menores a 2% que se tiene en países desarrollados. Nuestro porcentaje concerniente a esto es mayor que el de países como Estados Unidos, Canadá, Brasil, China, India, Australia, España y Francia. Para atender esta crisis, el gobierno mexicano desplegó un programa de repatriación de científicos y de investigadores en 2013. No obstante, éste no ha sido totalmente efectivo, ya que, de los más de 150 mil mexicanos residentes en Estados Unidos con posgrado, un poco menos de 400 personas habían aceptado volver a México hasta el año 2015. Todo lo anterior nos muestra la poca capacidad que tiene nuestro país para poder retener a nuestro preciado talento.

Ahora bien, México también tiene problemas para atraer a talentos internacionales y hacer que vengan a desarrollarse en el país. El siguiente mapa muestra, de acuerdo con la página de empleos LinkedIn, cuáles son los mayores flujos de talentos en el mundo.

Figura 4.1. Los cien flujos de talento más importantes entre países.

En este mapa podemos observar cómo es que países desarrollados y con alta infraestructura tecnológica —como Estados Unidos, Alemania o Reino Unido, entre otros— son un gran centro de atracción para personas talentosas que buscan desarrollarse como profesionistas. En el caso de México, se puede ver que solamente tiene una ligera conexión con Europa, y una más fuerte con Estados Unidos, pero lo más probable sea que, en ambos casos, se trate de emigración de mexicanos y no a la inmigración a México de talento proveniente de esos países.

Encontramos varias razones que explican por qué México no es capaz de atraer o retener su talento. De acuerdo con un estudio del Foro Económico Mundial, el *Human Capital Report 2016*, en México se tiene una baja calidad educativa para los jóvenes que deciden estudiar en el país, la cual está posicionada en el lugar 106 global (de un total de 130 países). Además, de acuerdo con el *Employment Outlook 2016* de la OCDE, aunque la calidad de los ingresos ganados por los profesionistas ha avanzado en México, éstos siguen siendo bajos cuando se les compara con el promedio de la OCDE, lo que incentiva a las personas de alta educación en México a irse a otros países buscando un mejor salario que los beneficie en sus vidas personales. Es importante también mencionar la poca investigación que tenemos en el país: ésta representa 0.54% del PIB, mientras que en las economías del conocimiento está alrededor del 3 por ciento. En este punto debemos mencionar también que la mayor parte del gasto en investigación y desarrollo se lleva a cabo por las empresas, y no, como muchas veces se piensa, por los gobiernos. En Estados Unidos, la proporción de dichas inversiones es de 80% del sector privado y solamente 20% del sector público. Lo que nos lleva a concluir que la estrategia para México debe ser la de atraer centros de investigación en nuestras ciudades y que, de preferencia, estén vinculados a las universidades, porque es la mejor forma de enganchar talento.

Con la finalidad de traer estudiantes y científicos como lo hacen aquellos países que han logrado ingresar a la economía del conocimiento, el tamaño de la economía de México demanda tener al menos de 6 a 8 universidades de investigación en el *top* 300 del mundo. México cuenta con sólo dos: la UNAM, que se ubica en la posición 122 del "QS World University Ranking 2017-2018", y el Tecnológico de Monterrey, situado en la posición 199. El resto de las universidades están en lugares después del 600. Contrastemos estas cifras con los casos de Estados Unidos, que tiene 59; Reino Unido, 38; Australia, 17; Japón, 11; Corea, 9; China, 9; e Israel, que tiene 4, con tan sólo una población de 8 millones de habitantes. Expresado de otra forma, por cada millón de habitantes en edad de estudios universitarios (entre los 18 y 23 años), Australia tiene nueve universidades en el *top* 300 del mundo; Estados Unidos, 2.2; y Corea, 2.2, mientras que México solamente cuenta 0.16.

Otro aspecto importante a considerar es el de la calidad de las ciudades en el país, ya que finalmente ahí es donde viven las personas que se están desarrollando profesionalmente. El Instituto Mexicano de Competitividad (IMCO) publica cada año el "Índice de competitividad urbana", en donde mide las capacidades de atraer inversión y talento de otras partes del mundo de 74 ciudades urbanas, así como también la capacidad que tienen de retener talento. En el estudio del año 2016 encontró que solamente 13 de las 74 ciudades que fueron analizadas tenían un nivel competitivo adecuado según a los estudios, y con esto resaltó la falta de calidad en las ciudades mexicanas para atraer y retener talento. Entre las ciudades con los mejores resultados se encuentran: Ciudad de México, Querétaro, Aguascalientes, Monterrey y San Luís Potosí.

Para poder mejorar las condiciones de las ciudades y volverlas más atrayentes a diferentes talentos, el IMCO recomienda que el gobierno logre una mejor coordinación con las universidades locales, públicas y privadas, para que midan el desempeño en el mercado laboral de sus egresados. También sugiere la creación de políticas para atraer talento específico a industrias enfocadas en conocimiento, con el apoyo de becas, universidades y centros de investigación aplicados en ingenierías, matemáticas y ciencias aplicadas. Finalmente, el IMCO también recomienda flexibilizar los fondos de inversión pública en innovación.

Debemos ser conscientes de que un país no compite con otro solamente a través de sus empresas, de sus ciudadanos o de sus deportistas. Un país compite con el resto del mundo con toda su sociedad y con todos sus ciudadanos. Por lo tanto, también competimos a nivel global mediante de nuestros gobiernos, nuestras policías, nuestros servicios públicos, nuestra paz y tranquilidad, nuestras carreteras, nuestra calidad de vida, entre otros. Para cautivar talento que viva, trabaje, enseñe e investigue en México debemos ser más atractivos que el resto de los países que todos los días también están intentando llevarlo a sus respectivos territorios.

UNA PROBADA CULTURA DE TRABAJO Y SERVICIO

Como mencionamos anteriormente, esta cultura de trabajo y servicio del mexicano también es una de nuestras ventajas competitivas más apreciadas en el mundo. Sin embargo, detrás de esta cultura —de la cual, hay que decirlo, nos sentimos muy orgullosos— hay temas muy relevantes y que requieren atención, como la baja productividad, que se traduce en salarios bajos; la falta de equidad de género, la calidad de vida, las jornadas de trabajo, entre otros aspectos. Nuestro reto es atender estos temas; al hacerlo, y llevar a cabo las otras tres estrategias de este capítulo, lograremos que nuestro "talento pujante, comprometido y capaz" se consolide como la primera ventaja competitiva de nuestro país.

La cultura de trabajo de un país es de gran importancia, ya que impacta directamente en la productividad que tendrán los trabajadores al ejercer; asimismo, tiene un efecto directo en su bienestar personal. Y, más allá, debido a que la cultura de trabajo se relaciona con la productividad, también influye en el nivel de competencia económica de un país. Es por eso que primero tenemos que analizar cómo se encuentra la situación de la cultura laboral en México, para poder detectar sus fortalezas y debilidades y, con ello, identificar áreas de oportunidad y mejora que nos permitan desarrollarnos como una nueva economía del conocimiento.

La cultura del servicio siempre ha estado presente en nuestro país desde nuestros inicios como un gobierno independiente. En los últimos años, México se ha convertido en una nación que basa su actividad económica principalmente en varias actividades terciarias, es decir, de servicios. Este sector de la economía se ha convertido en el de mayor participación respecto de la creación del PIB nacional; y, además, de acuerdo con el INEGI, ha ido creciendo en los últimos años y es una gran oportunidad, con enorme potencial, para que México pueda convertirse en un competidor global. Para que tengan éxito las industrias prestadoras de servicios resulta fundamental que tengan una excelente relación con el cliente, pues con mantener una grata experiencia con su clientela se logrará retener una cartera de consumidores leales y, además, atraerá a clientes nuevos.

Otro aspecto que podemos destacar de la cultura de trabajo en México se relaciona con la cantidad de tiempo que el trabajador mexicano promedio dedica a su vida laboral. De acuerdo con datos de la OCDE, en 2016 México sobresalió como el país en el cual los empleados trabajan la mayor cantidad de horas al año en promedio. El trabajador mexicano promedio estuvo 2 255 horas trabajando, cifra que está muy por encima del promedio de los países de la OCDE (1 763 horas). Aunque la mayoría de los trabajos en México son de baja productividad, esto nos demuestra que, culturalmente, nuestro país es uno de los más trabajadores del mundo.

Claro está que también nos tendríamos que cuestionar sobre los impactos de este tipo de cultura en el bienestar de las personas. Según el reporte *How's life?* de la OCDE de 2015, México tiene uno de los peores niveles de balance entre la vida personal y la vida laboral, pues en este estudio se encuentra en el lugar 36, en una lista de 37 países; únicamente superamos a Turquía. Su lugar en el *ranking* mundial se explica por su mal desempeño en los indicadores de "porcentaje de la fuerza laboral con 50 horas o más de trabajo semanales" y de "tiempo promedio dedicado al descanso y cuidado personal". En otras palabras, el mexicano trabaja mucho más y descansa menos que el promedio de la OCDE.

La cultura de trabajo en México tiene ciertas características que le impiden tener el mismo nivel de competitividad que las economías más desarrolladas del mundo. Uno de estos aspectos es la falta de equidad en el sector laboral mexicano. Citando nuevamente el estudio *How's life?*, México es el segundo peor país en lo que se refiere a la equidad de género; de nuevo, estamos solamente por encima de Turquía. Esta situación también quedó evidenciada en el ya citado reporte del Foro Económico Mundial sobre el "Índice de competitividad global 2017" de cada país, en el cual México se encuentra en el lugar 116 (de 138) en lo referente a la participación de la mujer en la fuerza laboral. Y también en cuanto a los ingresos de las mujeres México se encuentra rezagado; así da cuenta el "Global Gender Gap Index

2016" del Foro Económico Mundial, en el que nos encontramos en el lugar 66, de 144, en cuanto a la equidad de ingresos entre hombres y las mujeres. Todo lo anterior pone de manifiesto que aún existe una discriminación hacia el género femenino dentro de la cultura laboral mexicana, y esto debe ser atendido para que podamos tener un sector laboral más competitivo a nivel global. Estamos convencidos de que, en la medida en que podamos integrar a más mujeres en la fuerza laboral de nuestro país, la calidad y competitividad de nuestras empresas continuará incrementándose rápidamente.

Meritocracia que permite una movilidad social

México requiere una educación de calidad, que a su vez genere también igualdad de oportunidades. El país debe trabajar a favor de las mentes más brillantes y más esforzadas para asegurar el aprovechamiento del talento, que, en otras condiciones, nunca se hubiera desarrollado. Como plantea Ricardo Raphael en *Mirreynato,* mientras la escuela no se consolide como el espacio privilegiado para la inclusión, el entendimiento y la cimentación de una comunidad donde todas las personas quepan —independientemente de su condición social y económica inicial—, será difícil que cambie la estructura cultural que promueve la discriminación y la desigualdad en el resto de la sociedad. Así, regresamos a la discusión sobre el propósito de las escuelas públicas. Mientras quienes disponen de mayores recursos no impulsen mejoras en el servicio gubernamental de formación y adquisición de conocimientos, el sistema educativo será incapaz de integrar a los "distintos Méxicos que constituyen a un mismo país" con un reconocimiento dignificado de nuestras diferencias. "Al Estado, por encima de cualquier otra organización —concluye Raphael—, le toca proveer un sistema capaz de diseminar conocimientos, competencias y herramientas cognitivas, claves todas para la civilización humana y también para atenuar las divergencias y fracturas que normalmente derivan en violencia social".

Al respecto, el diario británico *The Economist* ha planteado en el artículo "America's New Aristocracy" que la solución no es disuadir a la gente rica de invertir en sus hijos, sino hacer mucho más para ayudar a los niños inteligentes que no lograron "escoger" a los padres acomodados. "El momento de comenzar es en la primera infancia, cuando el cerebro es más maleable y la estimulación tiene el efecto más grande. No existe sustituto a padres y madres que hablan y leen a sus bebés, pero las buenas guarderías pueden ayudar, especialmente para las familias que menos tienen." Pocas inversiones tienen mayores retornos que esto. Por ello, aquí enfatizamos la importancia de que México cuente con un verdadero sistema de movilidad social basado en el mérito, y no basado en otras características personales, como podría ser el estatus social. "La meritocracia es el mejor antídoto al clientelismo", escribió Juan E. Pardinas, director del IMCO, y añadió: "En un sistema meritocrático, el éxito profesional está determinado por el esfuerzo y el talento individual. En cambio, una estructura clientelar funciona con base en los contactos personales y el intercambio de favores. En la meritocracia magisterial pesan la capacitación y los resultados. En el clientelismo, los peldaños de superación están determinados por tu número de compadres."

Casi todos los países que han emigrado hacia una economía del conocimiento han hecho de la meritocracia el factor determinante para la superación y movilidad social, pues se han percatado de que así se asegura que los jóvenes con mayor potencial sean los que lleguen a las mejores universidades. Un indicador del nivel de prestigio y calidad académica es, sin duda, la selectividad, y posiblemente la universidad más selectiva del mundo sea el Indian Institute of Technology. Ésta acepta sólo a 2% de los que presentan el examen de admisión y muchos de estos estudiantes tienen como segunda opción una de las diez mejores universidades de Estados Unidos. Su caso debería servirnos de inspiración rumbo al México que soñamos.

En 2014, Colombia lanzó el programa más importante de transformación educativa y movilidad social que ha tenido. El programa nacional de becas Ser Pilo Paga, al que ya nos hemos referido anteriormente, ofrece a los 40 mil mejores estudiantes de Colombia del segmento socioeconómico más bajo acceso a las mejores universidades del país, y les da la libertad de elegir la universidad que desean. En pocos años este programa elevó los estándares de toda la educación del país, pues todos los estudiantes encuentran "muy aspiracional" poder aplicar a estas becas que se basan primordialmente en la meritocracia y, a su vez, envía una señal importante a la sociedad: es el esfuerzo y el mérito, y no su nivel socioeconómico, lo que determina el futuro de las personas.

La rentabilidad del programa colombiano tiene una tasa de retorno económico anual de alrededor del 40%, ya que los estudiantes beneficiados prometen pasar de la escala socioeconómica 1-3 a la 9-10 en cuatro años. Por eso, estos estudiantes, tal como sucede en el caso de México, son un activo muy valioso que lo único que necesita es una oportunidad o un puente para cruzar los cuatro años de falta de liquidez económica. Estamos seguros de que si el gobierno mexicano desviara una fracción de los recursos dedicados a mantener la plantilla administrativa de la Secretaría de Educación a programas de becas para los jóvenes más brillantes, pero que no tienen capacidad de pagarse una educación universitaria, el progreso sería grandísimo. Asimismo, también debieran existir estímulos fiscales para cualquier ciudadano que destine recursos a becas de este tipo, pues así estaríamos creando y educando al talento que México disfrutará en su futuro.

Centros educativos que generan profesionistas alineados a la nueva economía

De acuerdo con el "Índice de competitividad global 2016-2017" del Foro Económico Global, en la calidad del sistema educativo de educación superior México se encuentra como uno de los peores, ya que ocupa el lugar 112 de 138 países en la lista. Así, nuestro país difícilmente podrá ser un atrayente de talento a nivel mundial. Aunque la situación actual de la calidad del sistema educativo de educación superior en México no se ve prometedora para poder competir a nivel mundial, se han tomado acciones en los últimos años que pueden ser un importante paso para el desarrollo de centros educativos de mayor calidad en el país.

Para que podamos destacar en la economía del conocimiento, donde la principal fuente de crecimiento son las innovaciones, es necesario contar con centros educativos de muy alta calidad, capaces de atraer y retener al mejor talento, al tiempo que abrimos las fronteras a centros de investigación de empresas, universidades y personas con estudios superiores y posgrados. Pensemos en que Silicon Valley, la meca de la innovación, no se podría explicar sin la Universidad de Stanford.

Los países que han emigrado hacia la economía del conocimiento fomentan que sus ciudadanos apliquen y se inscriban en universidades extranjeras, con ello logran números importantes de estudiantes preparándose en las mejores instituciones del mundo. La siguiente tabla muestra datos de la UNESCO sobre el flujo global de alumnos universitarios. Ésta es una clara evidencia de que los países que ocupan los primeros lugares tienen un porcentaje importante de sus estudiantes con experiencia internacional.

	Alumnos	Porcentaje
China	801 187	1.9%
India	255 030	0.8%
Alemania	116 342	3.9%
Corea	108 047	3.3%
Francia	80 635	3.3%
México	28 813	0.8%
Singapur	24 135	8.7%
Noruega	18 546	6.9%
Israel	13 441	3.6%
Suiza	12 385	4.2%

Fuente: UNESCO, "Global Flow of Tertiary-Level Students", 2017.

Figura 4.2. Alumnos inscritos en universidades en el extranjero y porcentaje sobre el total de alumnos estudiando educación superior.

Según la OCDE, los estudiantes universitarios que van al extranjero son en promedio 2% de su población universitaria, mientras que en México sólo son 0.8 por ciento. Para que nuestro país logre esos estándares tendría que enviar a 75 mil estudiantes por año, por lo que nuestra distancia y reto es enorme. Y, como explicamos anteriormente, si México busca atraer y retener a su mejor talento deberá contar con universidades de alto prestigio que le permitan hacerlo. Tener sólo dos universidades en el *top* 300, y las demás estando una distancia considerable de este sitio, nos obliga a pensar en otros caminos como:

1. Abrir las fronteras al talento calificado que quiera venir a México. En el pasado, durante las décadas de los treinta y los cuarenta, tuvimos casos muy exitosos con las emigraciones de españoles y judíos que, sin duda, le han dado un gran valor social y económico a México. Convencer a un extranjero con estudios doctorales es un gran reto pero, si además tenemos que pasar por una burocracia de trámites migratorios que tardan varios meses, lo único que les estamos diciendo es que no son bienvenidos. Es tan costoso el talento, tanto retenerlo como prepararlo, que siempre será una buena estrategia apoyarnos del mundo y de su talento bien calificado; esto, en adición al gran déficit que tenemos. Si a los futbolistas extranjeros que vienen a jugar a nuestro país les damos servicio exprés para generar visas de trabajo, ¿por qué no habríamos de extender este tipo de servicio ultra rápido al talento extranjero que venga a educar e investigar a México, respaldado siempre por las universidades certificadas para ello en el país?

2. Un programa muy agresivo de becas a nuestro mejor talento para ir a estudiar al extranjero grados doctorales con el compromiso de regresar algunos años a México.

3. Fomentar convenios para que sea mayor el número de alumnos mexicanos estudiando en el extranjero un semestre o un verano, porque estas experiencias transforman las vidas de los futuros profesionistas y les dan una perspectiva mucho más global.

CAPÍTULO CINCO

Un vibrante espíritu emprendedor

La dedicación al trabajo beneficia al individuo,
a la empresa y a la sociedad entera.

EUGENIO GARZA SADA

El segundo pilar de la visión que planteamos para el país en *Un México posible* es el impulso del espíritu emprendedor. La creación de empresas es la mejor manera de generar valor en un país, pues éstas producen riqueza, a la par de ser fuentes de empleos, pagar impuestos, hacer investigación, originar ahorros en la sociedad y, al final, reconvertir sus ganancias con el fin de poder seguir aportando algún valor a la comunidad donde está inmersa y se desarrolla. A México el emprendimiento no le es ajeno. Dentro de los países emergentes, las tasas de "nacimiento" de empresas en México constantemente están entre las mayores. Esto quiere decir que el número de compañías formadas entre la población del país tiende a ser alto; sin embargo, no hay mecanismos suficientes para asegurar que sobrevivan sus primeros años y crezcan para convertirse en empresas medianas y grandes.

Por todo esto, de las distintas estrategias que pudieran impulsar esta potencial ventaja competitiva del país, debemos concentrarnos en tres: en primer lugar, las que aseguren el impulso de empresas y empresarios que puedan competir a nivel global; en segundo, que prioricen la formación y promoción del talento emprendedor; y, tercero, que persigan la consolidación de clústeres o cadenas productivas que nos permitan generar mayor valor agregado, para insertar a México exitosamente en la economía del conocimiento.

CREACIÓN DE EMPRESAS DE TALLA GLOBAL

Las pequeñas y medianas empresas representan 99.8% de las empresas en México, y emplean a 72.3% de la fuerza laboral activa. Esto es una cantidad significativamente alta comparada con otros países de la OCDE. Estas pequeñas y medianas empresas son una parte vital para la economía de México, así como para las industrias del país.

Hace algunos años, el gobierno de México estableció una política para ayudar a las pequeñas y medianas empresas (pymes) a estimular su creación y crecimiento con la finalidad de que éstas, a la par, aceleraran la economía nacional, crearan trabajos y redujeran la pobreza. Desde el año 2001 y hasta el 2006, se intentó concientizar sobre el emprendimiento en México a través de programas de apoyo financiero y de consultoría a negocios para crear un ecosistema favorable para el emprendedor en nuestro país. A raíz de esto, se han observado incrementos en los recursos para las pymes y los programas de soporte han sido extendidos para ayudar a los emprendedores emergentes y microempresarios.

Como veremos más adelante, las condiciones que permiten emprender un negocio en México han mejorado considerablemente en años recientes. Esto ha sido a causa de un marco macroeconómico estable, con tratados bilaterales y acuerdos que han estimulado las exportaciones y la inversión extranjera directa. Las reformas regulatorias también han simplificado la forma en la que hoy se apertura un negocio. Por ejemplo, en 2016 se aprobó una reforma a la Ley General de Sociedades Mercantiles que permite la creación de empresas en un solo día y a costo cero. No obstante, si hoy enlistamos a las diez empresas de mayor valor en México, ninguna tiene menos de 25 años de existencia. Esto contrasta con Estados Unidos, donde tres de las diez empresas con mayor valuación son "jóvenes" (Google, Amazon, Facebook); o, incluso podríamos considerar que son cuatro, si incluimos a la "nueva Apple", después del regreso de Steve Jobs a la compañía. Asimismo, ninguno de los 267 *unicornios* —esas nuevas empresas valuadas en más de mil millones de dólares a las que nos hemos referido en más ocasiones en estas páginas— que se tenían contados en el mundo en 2017 son mexicanos, 48% son de origen estadounidense y le sigue China, con 34% de éstos.

En 2015, el presidente ejecutivo de Cisco, John Chambers, estimó que para 2025 40% de las empresas habría muerto. Y, por su parte, Richard Foster, de la Universidad de Yale, prevé que para 2024 el 75% de las empresas Fortune Global 500 serán empresas que no existían en 2012.

Hoy, las nuevas empresas tienen la oportunidad de sacudir el status quo y ofrecer soluciones disruptivas e innovadoras, aprovechando oportunidades que las empresas tradicionales no han abordado. Son estas nuevas empresas las que forzarán a cerrar o evolucionar a las empresas existentes, tal como lo mencionan Chambers y Foster. En los próximos años veremos muchos casos más como los de Amazon, Google y Facebook, que crecen de manera exponencial. Se estima que en los siguientes diez años se establecerán nuevos negocios por aproximadamente 15 billones de dólares, o el equivalente a 14-15 veces la economía de México, debido al aumento exponencial de la conectividad. Sin duda, los países que logren atraer a los emprendedores globales para que se instalen en sus territorios con los incentivos correctos serán aquellos que beneficiarán a su población con saltos cuánticos en sus ingresos por habitante.

La calidad de emprendimientos en México y su mortalidad serán los factores que determinarán si México logra insertarse y crear nuevas empresas globales en el mundo digital; 75% de las nuevas empresas mexicanas cierra antes de cumplir dos años, mientras que en Estados Unidos es de 34%, de acuerdo con un estudio del Instituto de Emprendimiento Eugenio Garza Lagüera.

Ahora bien, la oferta de crédito y apoyo financiero para las pymes sigue siendo relativamente baja en nuestro país. Esto, quizá, se relaciona con la falta de competencia en el sector bancario y, si bien el sistema nacional de garantía de préstamos puede ayudar a resolver el problema, sólo atiende a entre 70 mil y 80 mil empresas al año, frente a las más de 4 millones que hay en México, lo que podemos considerar realmente bajo, provocado por los fuertes obstáculos existentes al acceso al financiamiento en la actualidad.

También apreciamos que hay debilidades en las inversiones de México en innovación y patentes. El sistema educativo todavía no produce suficientes científicos que tengan además habilidades empresariales. A pesar de las mejoras, las cargas regulatorias todavía desincentivan la participación de las empresas en el sector formal, y aún se necesitan más acciones públicas para fortalecer el entorno empresarial y de investigación en México, incluyendo la atracción de universidades y centros de investigación que, como hemos resaltado en varias ocasiones, son los motores para atraer y poder desarrollar el talento.

Instituciones promotoras de talento emprendedor

De acuerdo con el Monitor de Emprendimiento Global (meg), los factores más importantes para promover el desarrollo del emprendimiento en los países son la infraestructura física, la comercial y la legal (el Estado de derecho). Estos factores, como indica este organismo, son ventajas de ciertos países que cuentan con un mejor ecosistema para el emprendimiento, en gran parte consolidado por el gobierno a través de incentivos fiscales y desregulatorios que fomentan una mayor interacción entre emprendedores y participantes del mercado laboral.

Un nuevo negocio puede desaparecer por distintas razones. El problema más grande que enfrentan los emprendedores en México es la falta de acceso al financiamiento en cada una de las etapas de la creación de una empresa. El acceso limitado al crédito y al capital de trabajo explica la mitad de los casos en que negocios mexicanos se declaran en bancarrota o venden a alguien más la idea. En este ámbito existen muchas soluciones con enorme potencial y que hemos visto funcionar a nivel mundial. Algunos ejemplos son las aceleradoras de negocios con verdaderos estímulos fiscales que apoyan e invierten en las pequeñas empresas, los programas de desarrollo de proveedores y los programas de integración de cadenas productivas. En México, el apoyo al desarrollo de los mercados de capital de riesgo y la expansión del crédito a las pymes es fundamental y urgente. La oferta y disponibilidad de capital inicial —el famoso *seed capital* o capital semilla— no se promueven suficientemente entre las empresas que pudieran beneficiarse. Y, si bien existe una creciente red de incubadoras, sólo una pequeña proporción de ellas se concentra en nuevas empresas innovadoras y con conocimiento intensivo. Tomando en cuenta la magnitud de las necesidades, deben realizarse esfuerzos para aumentar las proporciones de microempresas que se beneficien del apoyo de asesoramiento y acceso al financiamiento.

El capital de riesgo, o *venture capital,* que fondea a emprendimientos más grandes que los que son nutridos con *seed capital,* no se encuentra disponible para la mayoría de las nuevas empresas mexicanas. El reporte *Rise of the Global Startup City* del Martin Prosperity Institute, que estudia las zonas del mundo con mayor inversión de este tipo, muestra que en México no hay inversión significativa. Asimismo, según consta en el mismo reporte, tan sólo en Silicon Valley se encuentra 25% de la inversión global de *venture capital,* mientras que Estados Unidos concentra 69% del total. Por su parte, en México, tanto el Programa de Modernización e Integración y el Programa Nacional de Garantía de Préstamos han hecho una verdadera diferencia en esta área durante los últimos años y necesitan ser mantenidos con refinamientos potenciales basados en los resultados de la evaluación; sin embargo, el número de beneficiarios es pequeño en relación con el número masivo de microempresas en México, tanto formales como informales.

Otras áreas de oportunidad que identificamos en nuestro país tienen que ver con que el sistema de garantía de préstamos en México alcanza a cubrir solamente alrededor de 70 mil microempresas al año, a pesar de tener un elevado apoyo del financiamiento privado. Además, las pymes innovadoras recibieron sólo 6.6% del presupuesto total del Fondo para Proyectos Productivos de Pyme en el periodo 2009-2011. Del mismo modo, sólo 4% de las incubadoras se centran en empresas de alta tecnología.

En el *ranking* del MEG, elaborado por expertos de ecosistemas de emprendimiento, se muestra la calificación que México recibe sobre temas como finanzas, políticas gubernamentales, programas de emprendimiento, infraestructura, etcétera. La calificación más preocupante para nuestro país es la que se refiere a la enseñanza sobre el emprendimiento en las escuelas. Bien atendido, éste podría ser un aspecto que llegara a revolucionar la forma en la que vivimos el día de hoy y pensamos hacia el futuro. Los jóvenes son el porvenir del país, y la educación que reciben, desde la primaria hasta su carrera profesional, debe ser guiada hacia una economía basada en la innovación y el emprendimiento. Debemos transmitir la idea de que la creación de empleos trae consigo un alto impacto, y tenemos que facilitar la infraestructura necesaria para que los emprendedores mexicanos puedan ser competitivos internacionalmente. Por eso creemos que México tiene la obligación de hacer que sus ciudadanos dejen de ser solamente "consumidores de empleos" y se conviertan en verdaderos "generadores de empleos". Aquí está una de las mejores formas de lograr la transformación del país.

Como pretendemos recalcar en este capítulo, uno de los problemas más grandes para México es la falta de apoyos sostenidos para el emprendedor, y aquí incluimos desde la dotación de habilidades y conocimientos hasta la disponibilidad de mentores y el apoyo financiero y legal que muchas veces se necesita. Por ello, debemos crear soluciones para fomentar un ecosistema favorable para el emprendimiento. Tras una lectura del panorama actual, las posibles soluciones que encontramos son las siguientes:

1. Mayor financiamiento de interés emprendedor.
2. Políticas gubernamentales enfocadas a estimular la actividad emprendedora en los ciudadanos de 25 a 45 años.
3. Plazos con estímulos fiscales.
4. Programas de concientización y fomento sobre el tema de emprendimiento.
5. Enseñanza del emprendimiento en México desde las etapas de educación primaria y secundaria.
6. Acceso a infraestructura para facilitar la interacción entre interesados en las distintas áreas de emprendimiento.
7. Un nuevo modelo fiscal que permita a instituciones sin fines de lucro invertir, con un fondo revolvente, en nuevos emprendimientos con potencial para generar conocimiento.

ACTITUD Y CULTURA HACIA TOMAR RIESGOS

Donna Kelly, Slavica Singer y Mike Herrington, autores del reporte *Monitor Global de Emprendimiento*, aterrizan conceptos sobre el entendimiento y percepción del emprendedor a nivel mundial. Dentro de las sesenta economías evaluadas en este estudio, 42% de los emprendedores pertenecientes al MEG siente un ambiente favorable para comenzar un negocio, 33% tiene miedo de tomar la oportunidad por aversión al riesgo y, sin embargo, más de la mitad de los habitantes se cree capaz de sacar adelante algún proyecto innovador. Esto nos lleva a otra necesidad urgente que tenemos que resolver como país: el Estado de derecho, ese que tanto añoramos y tanto requerimos tiene que pasar por la revisión y consolidación de una verdadera nueva Ley de Propiedad Intelectual. Esta nueva ley tendría que ser competitiva y homologada con las leyes de los países más avanzados, para evitar la piratería o los robos de ideas que se pretendan probar y experimentar. Esto haría mucho más atractivo a nuestro país con respecto a cualquier otro competidor.

Entre las principales características de los emprendedores mexicanos destacan su preocupación por la seguridad del país, su interés por aprender cosas nuevas y el propósito de disfrutar de la vida. México es el segundo país con mayor actitud para emprender, de acuerdo con los resultados del "Reporte Global de Emprendedores 2015", realizado por Amway, empresa mundial dedicada a ventas directas. En éste, Dinamarca figura a la cabeza, con 96%, y le siguen de cerca México y Colombia, ambos con 90%. A nivel global, la actitud positiva hacia el emprendimiento es de 75 por ciento.

"En México existe un gran potencial para emprender, por eso es importante aprovechar las oportunidades con la finalidad de crear negocios que den valor a nuestro país", comentó José Ramón Torres Solís, catedrático e investigador de la Universidad Nacional Autónoma de México, durante la presentación del reporte de Amway. Torres Solís, quien también es colaborador de Amway, destacó algunas de las principales características que tienen los emprendedores en México: 80% quiere disfrutar de la vida, a 80% le gustaría aprender cosas, 76% piensa que la seguridad de su país es muy importante y 74% quiere justicia para todos. "Los emprendedores mexicanos están abiertos al cambio y han demostrado que actúan por los intereses de los demás", detalló el catedrático.

Cabe mencionar que para la elaboración de la sexta edición del citado estudio se recabó información de 44 países y se analizaron las respuestas de más de 49 mil personas encuestadas. El reporte también arrojó que 43% de los mexicanos considera que el aspecto más atractivo para emprender es convertirse en su propio jefe; 32% ve este hecho como una realización personal; 30% enfatiza los beneficios de compatibilidad con la familia; 30% lo hace por obtener un segundo ingreso; y 19%, por una alternativa para el desempleo. Asimismo, es de subrayarse que el temor al fracaso es un obstáculo constante para comenzar un negocio para 87% de los mexicanos. Para los emprendedores en este país, el fracaso ocurre en 32% de las veces por las cargas económicas, 32% por crisis económica, 20% debido al desempleo y 19% por consecuencias legales. Al respecto, Torres Solís señaló que el espíritu emprendedor está determinado por diversos factores sociales y económicos y, por lo tanto, "no existen garantías de que siempre se va a tener éxito […] pero para ser emprendedor hay que arriesgarse". Por esto creemos que, como sociedad, debemos cultivar esa capacidad de riesgo y aprender de los fracasos. En esto estriba el éxito que han tenido aquellos empresarios que, después de mucha insistencia y lucha, encontraron su camino y, más allá, generaron un valor a través de alguna innovación en productos o servicios para la comunidad.

La actitud del emprendedor es determinante para que se convierta en un caso de éxito. Si observamos a los mexicanos que han salido victoriosos en el mundo de los negocios, notaremos que se trata de personas positivas que tienen la seguridad de que van a lograr sus propósitos y ven la vida con optimismo. La actitud del emprendedor ante la vida es su secreto al éxito, pues de esto depende que salga adelante y pueda resolver los problemas que se le presentan en el camino. En nuestra pasada visita a Israel, los emprendedores con los que conversamos nos hicieron un comentario que nos sorprendió: "Está de moda ser emprendedor", nos dijeron, y pronto concluimos que esa misma actitud era la que, en definitiva, empujaba a más personas a emprender en aquel país.

Por todo lo que hemos expuesto hasta aquí podemos concluir que la burocracia en México es una de las razones más fuertes por las cuales los mexicanos deciden no emprender u optan por dejar su proyecto a medias. Otro de los motivos concierne a la falta de recursos monetarios, que es la causa número uno que nos detiene para llevar a cabo una idea innovadora y desarrollarla. En México existe una falta de percepción de oportunidades y habilidades, así como la gente siente miedo de fracasar. En relación con América Latina, el emprendimiento en México no es visto socialmente como una buena profesión; los emprendedores no son considerados profesionistas con alto potencial, ya que los medios tampoco abordan este tema como algo relevante o digno de informarse a la sociedad. Esto resulta irónico pues, por lo general, los héroes a emular en las economías del conocimiento son precisamente los jóvenes emprendedores que, a muy corta edad, han logrado causar un impacto con soluciones que están transformando el mundo. Es por ello que creemos que el impulsar el emprendimiento social es un punto crítico para el desarrollo de México. Lograr convencer y organizar a la juventud del país para buscar resolver los problemas de su comunidad es una oportunidad que no debemos dejar pasar. Debemos enseñarles que los emprendimientos sociales sólo requieren ser autosuficientes, y que su rentabilidad consiste en la cantidad de beneficios que generan en las comunidades donde trabajan. Finalmente, como ya hemos subrayado antes, es por esto que consideramos que procurar el apoyo a los emprendedores, así como la atracción de los mismos hacia nuestro país, debería de ser una de las ventajas competitivas más importantes de nuestro país y, de ahí, su urgencia.

CLÚSTERES EMPRESARIALES E INDUSTRIALES QUE FACILITAN HACER NEGOCIOS

Para llevar a México hacia una economía del conocimiento, necesitamos lograr que el país sea atractivo para la inversión extranjera directa a partir de la funcionalidad de un sistema de emprendimiento. Éste deberá brindar las bases y herramientas necesarias para que cualquier persona que venga de fuera pueda aprovechar la excelencia del ecosistema de negocios mexicano. Con jóvenes preparados, leyes y políticas públicas a favor del emprendedor y programas y *networking* en función de éste, así como con la infraestructura física y legal, financiamientos y la eliminación de la excesiva burocracia, México se podría convertir en un país basado en la innovación y no quedarse atrás en un mundo cuyos procesos de negocios avanzan a pasos agigantados.

En México, además de las variables que impulsan o inhiben el desarrollo de emprendedores, discutidas ya en este capítulo, la regulación burocrática es otro de los aspectos que nos causan dolores de cabeza. Si bien no es la razón principal del fracaso de los emprendedores, explica cerca de 25% de por qué deciden los emprendedores declarar su salida o inclusive no emprender. Frente a estas circunstancias, es necesario que las empresas y el gobierno trabajen de la mano en la búsqueda de soluciones que mejoren el ambiente de negocios. La creación de clústeres es una de las soluciones más efectivas a nivel internacional, pues mejoran la coordinación entre sectores para impulsar el desarrollo de empresas exitosas.

¿A qué nos referimos aquí con el término *clúster*? La definición más extendida y conocida es la que nos ha dado Michael Porter, profesor de la Harvard Business School, quien los explicó como agrupaciones de empresas e instituciones relacionadas entre sí, pertenecientes a un mismo sector o segmento de mercado, que se encuentran próximas geográficamente y que colaboran para ser más competitivas. Y, según creemos, eso justo es lo que necesitamos: crear espacios y condiciones que permitan a las distintas empresas realizar proyectos conjuntos e interdependientes cuyos resultados impacten a toda una región. Las compañías que se relacionan en un clúster generalmente se complementan en sus actividades y generan sinergias que permiten a todo el grupo convertirse en mucho más competitivos ante el mundo. Dicha cualidad se desarrolla más por el lado de generación de tecnología, la especialización y profundización de esas interpelaciones que permite al conjunto generar mayor valor que la suma de sus partes.

En la economía de la industria de la manufactura ya existen clústeres bien establecidos en nuestro país. Por ejemplo, menos de diez estados emplean a 70% de los trabajadores de autopartes, y generan casi 90% de la producción total de la fabricación de automóviles y camiones del país. Entre ellos, podemos mencionar que la región del Bajío y las entidades de Aguascalientes, Querétaro y San Luis Potosí se han convertido en una zona de alta productividad en este ámbito. Sin embargo, en el país aún existen muy pocos ejemplos de clústeres para la economía del conocimiento. En Guadalajara, con su Ciudad Creativa Digital, y en el ambicioso proyecto del Distrito Tec, en Monterrey, podemos encontrar dos modelos que serán punta de lanza para el resto del país. Al final, lo más importante aquí es alcanzar masa crítica de emprendedores, inversionistas y profesionistas para generar las empresas del futuro para México.

Regresemos al "Índice de competitividad global" del Foro Económico Mundial, donde se señala que nuestro país ocupa el lugar 45 de 138 países en el mundo en cuanto a la profundidad de sus cadenas de valor y la sofisticación de lo que producimos. El desarrollo de clústeres sería, sin duda alguna, parte de la solución para incrementar nuestra competitividad; en esto, el gobierno ocupa un papel de suma relevancia, pues la creación de los clústeres a los que aludimos aquí deben desarrollarse y generarse de manera coordinada y complementaria, uniendo esfuerzos para que todo el país, en conjunto, pueda evolucionar. Sólo así podremos consolidarnos como un país verdaderamente competitivo en el mundo.

CAPÍTULO SEIS

Un gran lugar para vivir

Las ciudades tienen la capacidad de proporcionar algo para cada uno de sus habitantes sólo cuando se crean para todo el mundo.

JANE JACOBS

Los países han perdido relevancia frente a las ciudades. De acuerdo con la Organización Mundial de la Salud, entre 1950 y 2015 el porcentaje de personas que vive en asentamientos urbanos pasó de 29% de la población global a 52%. Como señalamos en el primer capítulo de este libro, han sido tres los motores principales que explican el aumento en el nivel de vida durante los últimos dos siglos: la industrialización, la globalización y la urbanización. Dedicamos ya un buen número de páginas para describir cómo han impactado los primeros dos procesos en el desarrollo de México; ahora es turno de que hablemos del tercero de estos fenómenos: la urbanización, la transformación más fundamental en la historia de la humanidad.

Hoy, más de la mitad de la población del mundo ya reside en ciudades. Y, cada mes, más de cinco millones de personas en el mundo se trasladan a las ciudades en desarrollo en países emergentes. Se prevé que en 2050 aproximadamente 9 mil millones de personas vivirán en zonas urbanas. China, por sí sola, planea mover a 250 millones de personas de la vida rural a asentamientos urbanos entre los próximos quince a veinte años. La idea del gigante asiático parte de que así creará una gran masa de consumidores y aumentará el crecimiento y desarrollo del país. Desde un punto de vista macro, estudios del Banco Mundial han concluido que un aumento de 10% en la tasa de urbanización de un país puede causar un aumento de hasta 30% del ingreso per cápita, por lo general a través del crecimiento de la productividad. Desde un punto de vista micro, sabemos que las ciudades más grandes tienden a ofrecer salarios que son entre 5 y 10% más altos. En China, los diferenciales del salario urbano son casi de 20 por ciento.

Las ciudades, a la escala en la que las vemos hoy, en realidad son un fenómeno reciente. Durante miles de años hemos tenido grandes asentamientos urbanos: Jericó, Ur, Bagdad, Atenas, pero éstos nunca excedieron las cien mil personas, y sólo ocuparon una pequeña proporción de los territorios que controlaban. No fue sino hasta 1910 que un país se convirtió realmente en urbano, cuando Inglaterra superó 50% de su población en zonas urbanas; desde entonces ha quedado suficientemente claro que las grandes ciudades son la clave en el motor de crecimiento, formación de capital humano e innovación de muchos países y regiones del mundo. Por tales motivos, una de las ventajas competitivas que México debe desarrollar es la construcción de ciudades capaces de competir con el mundo, modernas y divertidas.

CIUDADES MODERNAS Y COMPETITIVAS PARA VIVIR CON CALIDAD

En su informe "Competitive Cities", el Banco Mundial analiza qué hace que una ciudad sea competitiva y cómo las ciudades pueden hacer crecer sus economías. Las 750 ciudades examinadas en dicho estudio representan más de 60% del PIB del mundo; de ésas, casi 75% ha logrado crecer más rápido —en ingresos, empleo y productividad— que los países a los cuales pertenecen. La primera lección que se desprende de este documento es que el viaje al éxito comienza con un buen plan a largo plazo, uno que determina y se apalanca en las fortalezas, que incluye una visión o "sueño" coherente y que, al final, busca que se deje una huella y un orden para construir una ciudad. Y por esto último no nos referimos únicamente a la infraestructura requerida, las calles o las zonas industriales, sino a la consolidación de una "marca" o un sello distintivo de la ciudad, es decir, algo que las distinga de entre todas las demás y que, en suma, motive a todos sus habitantes en pos de ese sueño. Bien podemos afirmar que todos los núcleos urbanos que han logrado despegar en los últimos veinte años han partido de una visión con estas características, y todos se apegaron a ella con notable constancia durante el paso de los años.

Tras acordar este plan del que hablamos, según ahonda el recién citado informe, estas metrópolis se han valido de cuatro instrumentos principales para ponerlo en práctica. El primero consiste en tener instituciones confiables y eficientes que hagan cumplir siempre las normas comerciales y amistosas; de ello hablaremos más en el siguiente capítulo. El segundo componente es contar con espacios accesibles para todos y respaldados por buena infraestructura. El tercero, materia central del capítulo anterior, recae en una buena oferta de trabajo. Y, por último, sobresalen los sistemas de apoyo para la formación del personal, para que pueda especializarse en los ámbitos laborales que, con certeza y siempre en función de la visión que se ha planteado antes, le permitan convertirse en la ciudad a la que aspira.

El caso de México es muy particular, pues nuestro país, lejos de tener un plan de crecimiento y desarrollo para sus ciudades, hasta hace poco promovía la desconcentración de las zonas urbanas más densamente pobladas en viviendas individuales. Desde la década de los noventa y hasta recientemente, así lo fomentaba —y, consideramos, de manera errónea— el artículo 45 de la Ley del Infonavit, que provocó una expansión masiva de todas las urbes del país que ha originado problemas importantes de servicios, transporte, seguridad y contaminación como vemos hoy. Como ejemplo de esto tenemos a la ciudad de Monterrey, que entre 1980 y 2010 pasó de tener dos millones de habitantes a 4.1 millones, y cuya mancha urbana creció de 12 mil hectáreas a 63 mil hectáreas, es decir, quintuplicó su tamaño, lo cual resulta insostenible desde el punto de vista territorial, urbano, económico y social. No siempre nos percatamos del desastre que ha ocasionado esta forma desordenada de crecimiento, pues mientras la población creció dos veces en veinte años, el área urbanizada aumentó de cinco a diez veces su extensión. O, visto de otra forma, la demanda de servicios creció de tres a cinco veces más que los pagadores de impuestos. Este modelo, que es verdaderamente insostenible en todo sentido, ha llevado a que no se puedan proveer servicios de calidad, incluyendo el más básico de todos: la seguridad. Y, para rematar este escenario, los pocos impuestos prediales que se pagan han sido insuficientes y siempre han requerido de la transferencia de los impuestos federales para intentar mantener, de alguna manera, la infraestructura mínima de las ciudades. Según el censo 2010 del INEGI, México tiene 59 zonas metropolitanas, de las cuales once tienen más de un millón de personas. Será el reto de estas ciudades encontrar modelos autosustentables de crecimiento vertical que les permitan incrementar su competitividad y atender las necesidades de la creciente población.

México es el segundo país de la OCDE con el impuesto a la propiedad (predial) más bajo con respecto a su PIB; éste es de 0.3%, mientras que la media es de 1.9%. Incluso existen países como Gran Bretaña, Francia, Canadá y Bélgica que están por encima de 3.5%, es decir, cuyo impuesto predial es diez veces más que el nuestro. Aunque, dicho sea de paso, los promedios no cuentan la historia completa pues es prerrogativa de cada municipio su cobro. En nuestro país, a la gran dispersión de cobros que tenemos se suman unas muy malas actualizaciones de los valores reales de las propiedades. A propósito, en una columna publicada el 3 de septiembre de 2017 en *Reforma*, Luis Rubio escribió: "Si queremos lograr un país bien gobernado tendremos que construir un sistema de gobierno municipal que funcione y eso comienza con el impuesto predial, pues así se establece un vínculo de contrapeso entre el ciudadano que paga y el munícipe que gasta. De ahí hacia arriba: justo lo opuesto de lo que hoy existe".

De acuerdo con el Banco Mundial, los resultados de incrementar la competitividad de una ciudad, definida como la capacidad de competir económicamente para aumentar el nivel de vida de su población, son impresionantes. Si cada "ciudad promedio", dentro de las 750 ciudades analizadas por este organismo, lograra convertirse en una "ciudad competitiva", el mundo agregaría 19 millones de nuevos empleos al año. Ese crecimiento en empleo, proveniente principalmente del sector privado, representaría alrededor de 75% de la generación de fuentes de trabajo de todo el mundo. Por ello, las ciudades del futuro de nuestro país necesitan saber cómo atraer y cómo retener al mejor talento para hacerse competitivas en la escala global.

En el reporte de ciudades competitivas de *The Economist*, correspondiente al año 2015, las ciudades que dominaron el *ranking* fueron

Nueva York, Londres, Singapur, Hong Kong y Tokio. La primera de las ciudades mexicanas en aparecer es la Ciudad de México, en la posición 72, seguida de Monterrey en el sitio 101, y Guadalajara, posicionada en el 115. Estas tres ciudades mexicanas perdieron 1, 11 y 13 posiciones, respectivamente, si las contrastamos con los resultados del reporte de 2012. Semejantes disparidades sólo refuerzan la necesidad que tenemos de contar con estrategias para incrementar la competitividad de nuestras metrópolis y hacerlas más atractivas para el talento local e internacional. Sin embargo, como ya expusimos en el segundo capítulo, esto no es lo único que debemos tener en mente a este respecto: debemos ir más allá de lo económico y evaluar también el avance en la calidad de vida de nuestras ciudades.

Todos los años, la empresa Mercer publica un *ranking* mundial sobre la calidad de vida de distintas urbes con base en encuestas hechas a sus habitantes. La encuesta evalúa el entorno político, social y económico, cultura, sector salud, servicios públicos y transporte; recreación, educación, bienes de consumo, vivienda y medio ambiente. En 2017, Viena ocupa el primer lugar de esta lista; le siguen de cerca en las siguientes posiciones Zúrich, Auckland, Múnich y Vancouver. Estas cinco ciudades mantuvieron la misma posición en los años 2016 y 2017. En el mismo estudio, las mejores ciudades de América Latina son Montevideo (sitio 78), Buenos Aires (93) y Santiago (94). Las únicas dos ciudades mexicanas que forman parte del estudio ocupan puestos relativamente bajos, principalmente debido a la percepción de violencia e inseguridad: Monterrey y la Ciudad de México se encuentran en los lugares 108 y 127, respectivamente, afectadas también por la economía, la percepción de corrupción y la situación precaria del medio ambiente.

Este tipo de análisis son importantes para México justamente porque las amenazas que enfrentan nuestras ciudades hoy en día son elementos que representan también grandes retos para las compañías multinacionales, incluidas la seguridad y protección de sus empleados en el extranjero. Gerardo García Rojas, director de información de Mercer, comenta: "La encuesta de calidad de vida es una de las más completas del mundo y se lleva a cabo todos los años para brindar un incentivo para que las empresas se instalen en nuestro país".

Como menciona Slagin Parakatil, socio de Mercer, "asegurar la satisfacción de las necesidades de los expatriados y sus familias, adondequiera que los lleve su trabajo es una parte esencial de las estrategias de retención y reclutamiento de talento para la mayoría de las empresas multinacionales".

Diversidad, apertura y multiculturalismo

Regresemos nuevamente al estudio elaborado por el Banco Mundial, pues aún tenemos otra lección que resaltar de éste: la importancia de la diversidad. Muchas de las ciudades que hoy podemos considerar como exitosas —pensemos en Nueva York, Londres, Dubái, Ámsterdam— en algún momento abrieron sus puertas a extranjeros y se volvieron cosmopolitas. Una condicionante para que una ciudad se convierta en un verdadero motor de innovación es que debe ser capaz de atraer a todo tipo de personas, pues, con su contribución, el mismo ambiente y los requerimientos de los nuevos "ciudadanos" —o residentes— generarán paulatinamente círculos virtuosos que a la larga la convertirán en un excelente lugar para vivir.

En Estados Unidos, 25% de los fundadores de empresas han nacido en el extranjero. Cómo no hablar de nuevo de Silicon Valley, la fuente de más de la mitad de las innovaciones en este país. En esta región, más de 50% de los negocios emprendedores son creados por gente que nació en un país distinto a Estados Unidos. En un artículo publicado por *Bloomberg* en 2014, en el cual enlistaban el lugar de origen —tanto estados del resto del país como otros países— de los habitantes de Silicon Valley, México figuró como la fuente número uno de talento de este importante epicentro de emprendimiento e innovación. Creemos que ha sido su capacidad de atraer talento y su política de puertas abiertas a la diversidad lo que les ha permitido posicionarse como uno de los lugares más innovadores del planeta. No nos vayamos tan lejos, pensemos en el "sueño americano"; históricamente, Estados Unidos ha sido un éxito económico en parte debido a que talento de todo el mundo ha volteado a ver a este país como una tierra de oportunidades. De acuerdo con la UNESCO, actualmente 907 mil extranjeros se encuentran estudiando educación superior en Estados Unidos, mientras que en México son 8 mil alumnos extranjeros los que se encuentran actualmente de intercambio. QS, una de las más prestigiosas evaluadoras de universidades, publica anualmente un *ranking* de las mejores ciudades para estudiantes; en su edición 2017, Montreal, París y Londres ocupan los primeros tres puestos, mientras la Ciudad de México aparece en el lugar 51 y Monterrey en el 76.

Y es que, si lo pensamos bien, el progreso humano siempre ha tenido un elemento de diversidad, pues a lo largo de los años ha estado ligado a compartir y transmitir el conocimiento, la búsqueda constante de mejores formas para adaptarnos a los distintos modos de organización y la conjugación de visiones en pos del porvenir. Por esta razón concluimos que, si bien es muy importante que un país tenga ciudades modernas y competitivas que permitan vivir con calidad, también lo es abrir las puertas al talento extranjero, pues es incuestionable que el multiculturalismo enriquece a las ciudades.

Gran conectividad y acceso a mercados mundiales

En la literatura reciente sobre el desarrollo de las ciudades y, específicamente, en aquella especializada en las ciudades del futuro, se mencionan tres características para que sean exitosas en el siglo xxi: ser inteligentes, compartidas y abiertas. La primera de éstas va más allá de lo que normalmente se ha definido como *ciudad inteligente*. Sí, se trata de contar con la tecnología adecuada, con los sistemas y sensores que permitan aprender del comportamiento de sus habitantes y utilizar la ciencia de datos para mejorar servicios y el uso de la infraestructura urbana; pero también de tener un proceso de retroalimentación, de análisis y explotación de datos, así como saber orientar a los famosos "efectos derrame" en una dirección positiva.

También nos hemos referido al concepto de "economía compartida", pero debemos precisar que éste, más allá de que implique compartir activos, casas, automóviles o servicios, apunta a lo trascendental que resulta la generación de un verdadero sentimiento de confianza entre la gente. Así como en las comunidades, en las ciudades que tienen y viven ambientes de confianza los costos de transacción son mucho más bajos. En este escenario, la ciudad puede prosperar, más cosas se pueden hacer con menos esfuerzo y, además, con mucha mayor agilidad. Y, por último, una ciudad moderna y con enorme conectividad tiene que tener también un gobierno abierto y digital, que nos permita hacer todas nuestras operaciones en forma veloz; y debe, además, garantizar conectividad a todos sus ciudadanos para que puedan aprovechar las bondades de la riqueza de esparcimiento, cultural, deportiva y gastronómica que ofrece todos los días. Asimismo, no podemos olvidar tampoco los beneficios de comunicación que nos da la red, pues nos permite detectar problemas e informarlos instantáneamente y esto sin duda contribuye a la consolidación de una ciudad segura y eficiente.

Riqueza cultural, atractivo turístico, gastronómico y de vida social

Cuando se busca un nuevo destino para visitar o para empezar una nueva vida, se suelen tener muchos criterios para mejorar la calidad de vida, gama de oportunidades y actividades, así como los precios de sus comodidades. Y para mucha gente también es importante considerar aspectos puntuales como la vida nocturna del lugar y las posibilidades de entretenimiento que brinda. Con esta premisa, *Time Out*, revista inglesa de actividades y viajes, creó un índice para posicionar a las ciudades más divertidas para vivir en todo el mundo. Después de realizar una encuesta llamada City Index 2016, los 20 mil lectores participantes posicionaron a su ciudad bajo seis criterios:

- *Dinamismo*: qué tan vibrante y excitante es la vida en la ciudad.
- *Inspiración*: si la ciudad es agradable o compleja para vivir.
- *Bares y restaurantes*: factor destacado por los locales.
- *Comunidad*: qué tan agradables son los vecinos.
- *Sociabilidad*: si la ciudad es hospitalaria o aislante.
- *Costeable*: los costos de vivir ahí.

En este estudio, la Ciudad de México se posicionó en el sexto lugar, por encima de ciudades como Barcelona, París, Londres y Singapur; su lugar en el *ranking* se debe, en parte, a su rica oferta de restaurantes y bares, los precios accesibles, lo amigable de su gente, además de su oferta cultural.

Para que una ciudad se convierta en un lugar divertido y atractivo para vivir, bien podríamos considerar los aspectos que *Time Out* puso sobre la balanza (dinamismo, inspiración, entretenimiento, participación en la comunidad y costeabilidad), pero para convertirla en una ciudad próspera se deben concentrar los esfuerzos en la economía, la iniciativa empresarial, el gobierno, la educación, la salud, la seguridad, la libertad personal y el capital social. Por todo esto, queremos resaltar que las ciudades mexicanas requieren mejoras sustanciales en materia de seguridad y esparcimiento, sin dejar de lado la importancia de que sean capaces de proveer una buena conectividad digital. Asimismo, necesitan que se autoimpongan políticas que generen muchos espacios cercanos de convivencia, y que sus ciudadanos puedan acceder a todas sus necesidades a distancias "caminables" y facilidades de transportación a otras ciudades o al mundo.

Resulta fundamental generar ambientes creativos, seguros y amigables, que inspiren confianza y que inviten a quedarse a vivir, con estándares de vida envidiables y con la infraestructura adecuada y de vanguardia. Si conseguimos esto, estaremos creando las condiciones ideales, no sólo para vivir, sino para invertir, emprender, investigar e innovar. Y este panorama forzosamente tiene que ir de la mano de la sostenibilidad de las ciudades a través de sus propios impuestos, cuya recaudación y destino deberán ser manejados con transparencia y siempre con la vigilancia de sus habitantes.

Si consideramos que éstos son los factores esenciales para la transformación hacia una sociedad feliz, la cuestión radica en crear, innovar y pensar en soluciones para mejorar la calidad de vida de los habitantes, ¿cómo? Dándoles las herramientas para alcanzar armonía y diversión. Igualmente, si se lograran compaginar estos dos elementos, también tendríamos excelentes resultados dentro de las empresas. El impacto positivo se vería tanto en la productividad y eficiencia como en el comportamiento social y personal de la gente. De eso no tenemos la menor duda, pero implicará romper el paradigma de que no está bien vivir en espacios pequeños y darnos cuenta de que coexistir en comunidad y compartiendo la ciudad es una de las mejores formas para aumentar la productividad o los salarios reales, generar innovación y poder ofrecer servicios a un costo eficiente. Las nuevas generaciones están emigrando a las ciudades que van a determinar el futuro del planeta, y es por eso que una de las ventajas competitivas de México rumbo al siglo XXI debe ser contar con "ciudades vivibles, seguras, divertidas y llenas de oportunidades".

CAPÍTULO SIETE

Un ecosistema amigable para la innovación

> Creatividad es pensar en nuevas ideas. Innovación es hacer cosas nuevas.
>
> THEODORE LEVITT

De acuerdo con la última edición de *Entrepreneurship at a glance*, de la OCDE, México registra una tasa dos veces mayor de creación de empresas, esto comparado con las economías desarrolladas, que abarca 21% de la economía del país. La principal razón detrás de esta cifra es simple: abrir un negocio en México es cada vez más fácil. Históricamente, los emprendedores en el país han enfrentado tres barreras principales: fuertes cargas administrativas, acceso restringido al financiamiento y oportunidades limitadas en algunos sectores.

Pero, a pesar de los avances logrados, seguimos teniendo un enorme déficit en nuestro país en cuanto a nuestra capacidad para generar empresas con innovaciones verdaderas y con alto impacto. En el segundo capítulo ya mencionamos el caso de Israel, un país que con menos de 10% del tamaño de la población mexicana, consigue atraer más de 2 mil millones de dólares en capital de riesgo anualmente (en México ese número es inferior a los 200 millones de dólares) y produce 600% más patentes que nuestro país, el segundo más grande de Latinoamérica. En México no hemos logrado construir un ecosistema adecuado para la innovación, y esto incluye el marco institucional propicio, un gobierno que verdaderamente ayude —en lugar de estorbar— en el proceso de la innovación y que fomente una verdadera alianza entre los sectores productivos y académicos para así generar productos y servicios innovadores.

Instituciones confiables al servicio de la competitividad de las empresas

En las sociedades existen diferentes instituciones públicas y privadas que tienen como objetivo brindar un servicio a la población; por ejemplo, el ejército es una institución pública que tiene como misión proveer seguridad a la nación en general, pero también están los bancos comerciales, instituciones privadas que ofrecen servicios financieros.

Sin importar si son públicas o privadas, cabe preguntarnos: ¿qué tan confiables son las instituciones en nuestro país? Para poder analizar la situación de la confianza institucional en México existen varias fuentes que han recolectado datos de encuestas dirigidas a los ciudadanos. Una de éstas es el reporte anual que hace la empresa privada Consulta Mitofsky, activa desde el año 2004, acerca de la confianza de los ciudadanos respecto de las instituciones de más influencia del país que abarcan más tipos de servicios (desde educación, política, transmisión de información, servicios financieros, etcétera). En esta encuesta se pregunta a los participantes que respondan en una escala del cero al diez, donde diez es el mayor grado, el nivel de confianza que le genera cada una de estas instituciones. Los resultados aparecen en la siguiente tabla:

	2008	2016	Diferencia
Universidad	7.9	7.1	−0.8
Iglesia	7.9	6.9	−1.0
Ejército	7.8	6.8	−1.0
CNDH	7.5	6.6	−0.9
Estaciones de radio	7.6	6.4	−1.2
Medios de comunicación	7.7	6.3	−1.4
Empresarios	6.8	6.2	−0.6
INE	7.0	6.2	−0.8
Bancos	6.7	6.1	−0.6
Cadenas de televisión	7.5	5.9	−1.6
SCJN	7.0	5.8	−1.2
Senadores	6.1	5.2	−0.9
Presidencia	6.9	5.1	−1.8
Policía	5.7	5.0	−0.7
Diputados	5.9	5.0	−0.9
Sindicatos	5.9	4.9	--1.0
Partidos políticos	5.6	4.8	−0.8
Promedio	**6.9**	**5.9**	**−1.0**

Figura 7.1. Percepción de confianza en instituciones mexicanas en 2008, 2016 y la diferencia entre ambos años (escala de 0 a 10).

De acuerdo con esta encuesta, el nivel de confianza del mexicano ha disminuido para todas sus instituciones. Solamente una institución ha podido mantenerse por encima de 7.0: la universidad. Además, en 2008 cuatro instituciones tienen una calificación menor a 6.0, contra ocho en 2016. No es de sorprendernos que las instituciones que presentan el menor nivel de confianza sean públicas. Con calificaciones de 5.0 o menos tenemos a la policía, los diputados, los sindicatos y, en el último sitio, a los partidos políticos. La mayoría de las instituciones que han presentado el mayor nivel de confianza son privadas, con excepción del ejército, mientras que las que presentan las caídas más pronunciadas en esta área son la presidencia, las cadenas de televisión y los medios de comunicación.

Podemos comparar la evolución de la confianza en las instituciones con la que se tiene en Estados Unidos de América. La empresa privada Gallup ha realizado encuestas de confianza en las instituciones desde 1973. En la tabla incluida a continuación se muestra la mejor evaluación de los últimos treinta años para cada institución, y el resultado de la evaluación más reciente en 2016.

	Mejor evaluación desde 1986	2016	Diferencia
Fuerzas armadas	82	73	−9
Pequeñas empresas	68	68	0
Policía	63	56	−7
Iglesia	66	41	−25
Sistema médico	44	39	−5
SCJN	56	36	−20
Presidencia	72	36	−36
Escuelas públicas	50	30	−20
Bancos	51	27	−24
Trabajo organizado	29	23	−5
Sistema de justicia criminal	34	23	−11
Noticieros de TV	46	21	−25
Periódicos	37	20	−17
Grandes empresas	31	18	−13
Congreso	41	9	−32

Figura 7.2. Punto más alto en la percepción de confianza en instituciones estadounidenses desde 1986, evaluación 2016 y diferencia (escala de 0 a 100, donde 100 es el máximo nivel de confianza).

Al igual que en México, la confianza general de los estadouniden-ses ha ido a la baja. Sin embargo, de las cinco instituciones con menor confianza por parte de la población, tres son privadas (las televisoras, los grandes negocios y los periódicos). Ambos países parecen tener una alta confianza en sus respectivos ejércitos, en especial Estados Unidos.

En el caso de nuestro país vecino, es interesante que la presidencia es la institución que más confianza ha perdido, con 36 puntos. Adi-cionalmente, las grandes empresas son percibidas como la segunda peor institución, con una calificación de 18 (una caída de trece puntos en ocho años); esto contrasta con las pequeñas empresas, que son la segunda mejor evaluada (con 68) y que se encuentra en su punto más alto de los últimos 30 años. La percepción positiva que tiene la pobla-ción sobre estas pequeñas empresas muy probablemente se deba a que constituyen un motor de emprendimiento y empleo considerable.

Así como sucede en las comunidades y ciudades, el marco institu-cional de un país se basa en la confianza que tiene la población respec-to de sí misma y respecto de las organizaciones que proveen factores de bienestar y desarrollo para su población. Por esto, será muy impor-tante trabajar en México para recobrar la confianza, tanto en las insti-tuciones públicas como en las privadas, pues, al hacerlo, se dotaría al país de una mayor competitividad de cara al mundo (además de que sería un buen incentivo para atraer inversiones extranjeras).

Gobiernos abiertos, digitales y responsivos

Aunque en el siguiente capítulo hablaremos sobre la alineación de organización de gobierno que proponemos para que México pueda dar el brinco hacia la economía del conocimiento, creemos pertinente explicar aquí brevemente el potencial que tiene un gobierno abierto, digital y responsivo para generar ambientes idóneos para la innovación.

Todos quisiéramos un gobierno rápido, flexible, eficiente, enfoca-do al servicio, confiable y que al interior de su organización la gente estuviera muy motivada y satisfecha. Pero, por el contrario, hoy los servicios que requerimos del gobierno siguen un proceso que es len-to, muy caro y poco flexible; en éstos, los ciudadanos somos invisibles y además estamos insatisfechos, no son confiables y, en adición, los que trabajan ahí tampoco lo están.

Sin duda, todo gobierno aspira a ser rápido, flexible, eficiente, con personal motivado, enfocado al ciudadano, satisfecho, confiable y con procesos administrados; sin embargo, es algo que pocos gobiernos pueden presumir y quienes sí pueden hacerlo son aquellos que han logrado resultados espectaculares. Veamos algunos ejemplos.

Singapur, desde hace más de veinte años, cuenta con procesos electrónicos para poder abrir una empresa por internet en cinco minutos y, a pesar de ser una práctica sencilla, común y corriente, ésta y muchas otras prácticas difícilmente son adoptadas en otros países como México porque no saben cómo o no se dan el tiempo para reflexionar y pensar que el trabajo fundamental de un gobierno y de sus funcionarios en todos sus niveles es servir y no controlar.

Estonia es un caso que también vale la pena mencionar, pues es líder en servicios gubernamentales digitales. Fue el primer país en ofrecer una "residencia electrónica" disponible para ciudadanos de todos los países, 99% de sus trámites son en línea e incluso se puede votar en línea desde 2007. Los beneficios para los ciudadanos y la economía del país son enormes, pues gracias al empuje del gobierno, su capital Tallin es ahora un *hub* relevante de *startups* tecnológicas que ha visto nacer a empresas como Skype, TransferWise y GrabCAD.

Otro ejemplo admirable es la implementación del proyecto Aadhaar en la India, el cual está cambiando la forma en cómo interactúan entre sí el gobierno y los ciudadanos. Aadhaar es un número único de identificación personal ligado a información biométrica: huellas digitales e iris. Desde que se lanzó en 2010, la plataforma ha ligado a 99% de los adultos en India (1.1 mil millones) y ha permitido grandes avances en la identificación de ciudadanos para realizar trámites, cobros, entrega de comida subsidiada, entre otros. Tan sólo en la entrega de raciones subsidiadas se estima que 73% del presupuesto no llegaba a las manos de los ciudadanos. Con Aadhaar, se pudieron eliminar "personas fantasmas" que los reclamaban, entre otros malos usos, con lo cual se han logrado ahorros estimados en 8 mil millones de dólares en tan sólo dos años y medio.

Aunado a esto, la identificación de los ciudadanos les ha permitido eliminar el registro de 400 mil niños ficticios que las escuelas públicas decían tener para recibir fondos, así como eliminar a 800 mil votantes falsos en las listas electorales. Esto es sólo un ejemplo del potencial que tienen los gobiernos al dar claridad y visibilidad de los procesos, y al utilizar la tecnología en beneficio de los ciudadanos.

El reto de todo gobierno es cerrar la brecha entre el cambio tecnológico y la forma como nos administramos. Todo esto tiene muchas implicaciones, pues se requiere reentrenar al personal que atiende al ciudadano. Si revisamos la cantidad de servicios digitales que un gobierno podría hacer de esta manera, la lista sería enorme, comenzando con una sola base de datos del ciudadano. Ejemplos tan simples como: pago de servicios, gestión de permisos de construcción, educación en línea con los mejores profesores del mundo, apertura de empresas, atención de consultas de salud en línea, entrenamiento y actualización para el empleo, y muchos más.

El uso de computadoras que tramitan los diversos servicios del gobierno, sin ningún criterio discrecional, evita corrupción y automatiza completamente cualquier gestión. Éste es el tipo de avances que es verdaderamente urgente en el país para intentar recuperar la confianza del ciudadano en sus instituciones de gobierno. Todos estos servicios digitales, sin importar de dónde vienen, deben centralizarse para ponerlos a competir con los servicios actuales. Estamos seguros de que éstos ganarán la preferencia del ciudadano sobre los actuales y veremos, como efecto secundario, la reducción dramática de la corrupción que hoy está catalogada como una de las fuentes de mayor insatisfacción del ciudadano.

ATRACCIÓN DE CENTROS DE INVESTIGACIÓN Y UNIVERSIDADES INTERNACIONALES

¿Qué tienen en común los mejores países y universidades del mundo? Atraen a los mejores alumnos sin importar nacionalidad o nivel socioeconómico; atraen y retienen el mejor talento, abriendo las fronteras a centros de investigación de empresas, universidades y personas con estudios superiores y posgrados.

Como ya mencionábamos en el capítulo 4, la situación en México en cuanto a centros educativos de alta calidad nos deja claro que hay trabajo que hacer. México, con una población de 12.6 millones en edad universitaria (18 a 23 años) necesita de seis a ocho universidades en el *top* 300 del mundo, porque son ellas las que atraen a los mejores alumnos e investigadores del mundo. Además, de acuerdo con el reporte del "Índice de competitividad global" del Foro Económico Global, la calidad del sistema educativo en la alta educación en México se encuentra como uno de los peores, ya que ocupa el lugar 112 de 138 países en la lista. Con este panorama México difícilmente podrá ser un atrayente de talento a nivel mundial.

Para que nuestro país pueda ser exitoso en la economía del conocimiento, donde la principal fuente de crecimiento proviene de las innovaciones, es necesario contar con centros educativos de una muy alta calidad. Debemos ser capaces de retener a nuestro mejor talento y requerimos invitar a los centros de investigación de las empresas privadas para que se instalen en el país con el fin de aprovechar el talento mexicano a costos muy competitivos. No olvidemos que, a nivel mundial, la participación de los gobiernos en la investigación se ha ido reduciendo y que cada vez más son las empresas privadas y los nuevos emprendedores los mayores detonadores de la innovación. Un ejemplo de esto lo podemos apreciar en la inversión que se destina a innovación tecnológica: las empresas líderes invierten cerca de 10 mil millones de dólares anuales, mientras que las universidades líderes llegan a cantidades cercanas a los mil millones de dólares. De los estímulos que los gobiernos pudieran dar a las empresas privadas, aquellos que promuevan la inversión en innovación y en investigación deberían ser prioritarios, pues eso, aunado a la creación y atracción de talento, será la base de la nueva economía del conocimiento de cada país.

Para abordar esta necesidad de contar con el mejor talento, otros países han puesto en marcha estrategias para atraer universidades y centros de investigación extranjeros, con fuertes apoyos económicos para poder retener a su talento y no sólo prepararlo en el exterior.

117

Como se muestra en la siguiente gráfica, China ha instalado 37 universidades extranjeras; los Emiratos Árabes, 31; Malasia, 12, y Singapur y Qatar, 11.

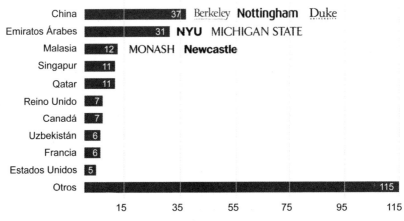

*Figura 7.3. Universidades extranjeras que se han instalado por país
y algunos ejemplos.*

Las universidades instaladas en estos países son principalmente de las economías altamente desarrolladas. A continuación se muestra que 77 universidades de Estados Unidos han instalado al menos un campus en otro país; Reino Unido, 39; Francia, 28; y Rusia, 21.

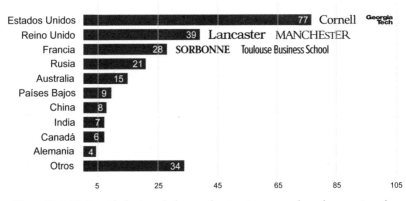

Figura 7.4. Universidades instaladas en el extranjero por país y algunos ejemplos.

118

Por todo esto, concluimos que necesitamos invitar a universidades extranjeras y centros de investigación de empresas para que se instalen en México; con su ayuda, seremos capaces de atraer el mejor talento y, al final, eso es lo que nos ayudará a desarrollar un ecosistema de emprendimiento e investigación. Las universidades, en conjunto con las ciudades, han sido capaces de crear estos detonadores y así han surgido casos como el de Silicon Valley con la Universidad de Stanford, Austin con la Universidad de Texas, Boston con MIT y Harvard, y así se repite la fórmula sucesivamente en casi todos los países exitosos.

Si bien la atracción de fábricas automotrices fue un gran logro de los últimos veinte años, el reto de atraer universidades y centros de investigación extranjeros requerirá un gran esfuerzo e inversión económica por parte de México.

Asimismo, también debemos reconocer que un avance importante ha sido la consolidación de nuevas relaciones internacionales con universidades de países de alto desarrollo. Por mencionar algunos ejemplos, en 2013 se firmó el establecimiento del Consorcio Binacional para el Desarrollo Científico Regional y la Innovación entre el Consejo Nacional de Ciencia y Tecnología (Conacyt) y la Universidad de Arizona, con el objetivo de contribuir al fortalecimiento de las capacidades científicas, tecnológicas y de innovación de la región. Y en 2017 se creó el Programa ConTex, acordado entre el University of Texas System y el Conacyt, cuya finalidad es construir puentes entre universidades mexicanas y la Universidad de Texas a través de becas de doctorado, postdoctorales, de investigación colaborativa, becas de la facultad y experiencias de investigación de estudiantes graduados visitantes. Sin duda, este tipo de iniciativas puede ayudar en el desarrollo de la calidad educativa que reciben los alumnos de las universidades mexicanas.

Aunque la creación del famoso Silicon Valley de Estados Unidos no fue algo planeado, en México las universidades pueden intentar desarrollar sus propios clústeres de investigación que estén vinculados con la ciudad. El IMCO menciona, en su reporte sobre la competitividad de las ciudades mexicanas, cómo actualmente el Tecnológico de Monterrey está en proceso de implementar la iniciativa Distrito Tec, que aspira a convertirse en un clúster de investigación, innovación y emprendimiento, y cuyo objetivo es crear un ecosistema que fomente la colaboración entre investigadores y emprendedores en la ciudad de Monterrey. Entre las áreas de investigación prioritarias están la nanotecnología, la biotecnología, la manufactura avanzada, la energía y la sustentabilidad. Si este proyecto llega a tener un gran éxito —como la estamos seguros lo tendrá, pues además piensa llevarse a otras ciudades del país con sedes del Tecnológico de Monterrey—, podría ser una idea que inspire a otras universidades a desarrollar clústeres de esta naturaleza.

Alinear la investigación con las necesidades empresariales

El Consejo del Atlántico, un laboratorio de ideas considerado uno de los *think tanks* con mayor influencia en Estados Unidos, publicó un reporte titulado "El viaje de un innovador", en el cual se evidencia con claridad que México está construyendo una trayectoria hacia la innovación. No obstante, para aprovechar plenamente los beneficios de una economía del conocimiento, los innovadores, las universidades, las corporaciones y el gobierno del país deben adoptar un enfoque más cohesivo y colaborativo. Las siguientes recomendaciones describen un conjunto ambicioso, coordinado y coherente de políticas y prácticas que impulsarían la proeza inventiva del país hacia la creación de innovaciones genuinas y de alto impacto.

Primeramente, la investigación es esencial, pero debe tener un propósito y estar mejor alineada con las necesidades empresariales. Para construir un sistema de investigación pública efectivo y atractivo, México necesita aumentar la inversión y fortalecer la gobernanza de sus instituciones de investigación. A pesar de ser la décima cuarta economía más grande del mundo, México todavía produce menos de 1% de la investigación científica a nivel global. El país debe encontrar formas de mejorar la relación entre la investigación pública y el sector privado, y mejorar la productividad y el impacto de sus científicos.

Las universidades, empresas privadas y el gobierno en México deben continuar desarrollando sistemas de incentivos simples y efectivos que estimulen la investigación, el emprendimiento y la inversión en industrias del conocimiento. Un ejemplo de este tipo de ecosistema en nuestro país se ha dado en Jalisco, un estado que, combinando acciones gubernamentales, participación corporativa, excelencia académica y comunidades tecnológicas dinámicas, se ha posicionado como un centro de inversión en tecnología e innovación. En las décadas de los setenta y ochenta, compañías de componentes electrónicos, como Motorola, Intel e IBM, comenzaron a establecerse en este estado, sentando las bases para el desarrollo tecnológico de la región. Del mismo modo, Jalisco también es hogar de algunos de los centros de investigación más avanzados del país, particularmente en las industrias de electrónica, biotecnología y genética.

Cada año, seis mil nuevos ingenieros, diseñadores y desarrolladores se unen a la fuerza laboral. Las veinte principales universidades de Jalisco atraen a una enorme reserva de talento —incluyendo siete mil estudiantes internacionales—, haciendo del estado uno de los principales destinos educativos en México. Con más de doscientos inversionistas, ocho centros de innovación y varios parques tecnológicos y de *software*, la Secretaría de Innovación, Ciencia y Tecnología del gobierno del estado de Jalisco —hasta ahora, la única en México— ha adoptado un enfoque de "ecosistema", sentando las bases para una economía del conocimiento.

Otro caso interesante es el modelo de emprendimiento e investigación que tiene Israel, al que ya nos hemos referido en varias ocasiones. En ese país han logrado establecer un ecosistema de convivencia entre los empresarios y las instituciones educativas. Ahí, las universidades públicas tienen la posibilidad de invertir en las etapas tempranas de nuevas empresas, fondeando las necesidades de los emprendedores que más adelante generarán conocimiento, patentes, nuevas tecnologías y servicios. Teniendo bajo el paraguas de la universidad a una empresa de transferencia de tecnología (con fines de lucro), se genera un círculo virtuoso en el que se crean más empresas, más empleos, investigación más eficiente y con mayores beneficios. Para comparar, vale la pena mencionar que la investigación en universidades en Israel reporta 39% de ingresos o beneficios sobre su inversión, mientras que en Estados Unidos éstos son de 4%; en Japón, 2%, y en Reino Unido,

1%. Además de ser altamente redituable, este modelo ha demostrado generar un mayor número de patentes con respecto a la inversión. Por todo lo aquí expuesto, estamos convencidos de que se debe mejorar la coordinación entre las distintas fuentes de financiamiento de investigación y desarrollo. La finalidad del país no debe ser solamente la de aumentar el gasto interno bruto en investigación y desarrollo como porcentaje del PIB —el cual sí debería alcanzar un mínimo de 1.5%—, sino también catalizar y combinar más efectivamente las inversiones existentes.

CAPÍTULO OCHO

¿Cómo nos organizamos?

> El propósito del gobierno es que la gente de una
> nación viva con seguridad y felicidad.
>
> THOMAS JEFFERSON

Existen dos recursos con los que cuenta el ser humano y que son de un gran valor. El primero es el tiempo, pues a pesar de vivir en una época de cambios vertiginosos es lo único que no cambia y no podemos controlar. El segundo recurso es su energía, que inicia en la mañana con niveles muy altos y se va agotando al finalizar el día. Estos dos recursos no sólo son lo más preciado para los individuos, también lo son para las organizaciones y los países.

Cuando analizamos la evolución del ser humano en los últimos veinte años, es posible observar cómo algunos países han logrado avanzar más rápido que otros y cómo es que el nuestro no ha podido lograr un crecimiento mayor al 2% compuesto anual en nuestro ingreso per cápita. Hoy, el PIB de China representa 11 veces el de México, pero a veces se nos olvida que en el año 1981 eran prácticamente iguales. Corea del Sur, por poner otro ejemplo, en el año 1987 tenía un PIB casi igual al de México y actualmente nos supera en 20 por ciento, aun teniendo menos de la mitad de población que la de México. Queda claro que ambas naciones han logrado esto poniendo en acción un plan de país, el cual fue ejecutado a la mayor velocidad y trajo consigo los mejores resultados.

El modelo para la visión, organización y cultura del que hablamos anteriormente nos demuestra que alinear un plan es de suma importancia, pero también pone de manifiesto que alinear la organización es un reto aún mayor. Como se aprecia en la siguiente figura, la superficie de cada círculo nos indica el grado de complejidad que tiene cada una de las tres tareas que se requieren para transformar cualquier organización.

Figura 8.1. Modelo para alinear visión, organización y cultura.

UN GOBIERNO PARA EL MUNDO ACTUAL

Cuando analizamos la posición de un líder en el gobierno, nos percatamos de la dificultad que tiene para lograr resultados; esto incluye al presidente de la República. Fuimos heredando organizaciones muy fragmentadas. Sus antecedentes se remontan a las influencias de las teorías de la división del trabajo de Adam Smith (*La riqueza de las naciones*, 1776), a Henry Ford con su cadena de montaje de automóviles (1913) y, posteriormente, a la época de los ferrocarriles (1820) y a Alfred Sloan de General Motors (1930) y su teoría de las divisiones centralizadas. A éstas se ha sumado, más recientemente, la creación de los corporativos y *staff* en las décadas de los cincuenta y sesenta, con McNamara, de Ford; Geneen, de International Telephone & Telegraph y Jones, de General Electric.

Dicho de otro modo, estamos en pleno siglo XXI y tratamos de administrar instituciones a través de organizaciones diseñadas en siglos pasados (del XVI al XIX). Si consideramos que la intensidad del cambio será una constante, y la velocidad y la innovación son dos de los elementos más importantes de la nueva economía, nos preguntamos entonces: ¿cómo organizar las funciones del gobierno?

El principio fundamental del cambio implica un giro enorme en uno de los paradigmas ya existentes, en efecto, pero si no es atendido, difícilmente avanzaremos. Para darnos cuenta, planteemos una simple pregunta a cualquier funcionario de gobierno —comenzando por el presidente, los legisladores— hasta llegar a aquél que asea los baños: "¿Quién es tu jefe?" Si la respuesta de cualquier burócrata ante esta pregunta es mencionar a quien se encuentra en un nivel superior en la escala de mando, simplemente no estamos entendiendo el primer principio de organización.

Puede parecer trivial, pero se vuelve trascendental por una sencilla razón: el ciudadano no está dispuesto a pagar por ninguna actividad que, en su percepción, no le dé valor. Además, si decimos que el tiempo del ciudadano es muy valioso, tendremos que aprender a medir los tiempos de ciclo de cualquier servicio o proceso interno, pues ésta será la fuente de productividad y satisfacción del ciudadano. El tiempo de ciclo se mide desde que un ciudadano requiere una solución, y éste comienza desde que sale de su casa hasta que recibe el servicio, incluyendo todas las actividades y costos asociados al mismo. Si extrapolamos esto, podemos observar que un servicio facilitado a través de internet tiene cuantiosos beneficios, lo que, a su vez, implica que la premisa de un gobierno digital es fundamental para hacer que las cosas sucedan a mayor velocidad (acabar con la corrupción, por ejemplo).

Si observamos la organización gubernamental hoy desde la perspectiva de un ciudadano, e inclusive desde la de un funcionario, podemos encontrar absurdos muy difíciles de explicar y apreciar con claridad lo ineficientes y costosos que somos:

1. Estamos administrando por fragmentos el trabajo y dividiéndolo de tal forma que quien requiere un servicio tiene que

pasar de ventanilla en ventanilla, para, a veces, regresar varias veces a donde comenzó.

2. Para hacerlas más complicadas, muchas de las actividades las ubicamos físicamente en diferentes sitios, las separamos de piso o, en algunos casos, hasta de ciudad.

3. Las dividimos con barreras jerárquicas y nombramientos de títulos, donde establecemos que un director habla con un director, un secretario con un secretario, y así repetidamente. Luego entonces, si la persona que está atendiendo a un ciudadano requiere intervención de otra unidad, división o secretaría, tendrá que acudir a su jefe y, a su vez, éste hacia arriba, para después bajar a la otra división y todo de nuevo sucesivamente.

En pocas palabras, nuestras organizaciones gubernamentales son una especie de "castillos feudales" donde resulta muy difícil comunicarnos y trabajar en equipo. Y, a pesar de los absurdos que todos vemos, no nos percatamos de que esta forma de trabajo puede cambiar si le damos la vuelta a la manera en la que nos organizamos. No obstante, casi nadie se siente con la capacidad y el poder de cambiar las cosas o alterar los procesos, porque hacerlo implica revisar todas las operaciones desde la perspectiva del ciudadano, y es precisamente ahí donde empiezan los problemas: se requiere unir las piezas que están fragmentadas e interferir con otras funciones de la administración. Pero el mayor absurdo que percibimos es que ya nos hemos acostumbrado a esta forma de trabajo y vemos como un gran logro seguir en estos mismos laberintos.

Y se nos viene a la mente otro ejemplo: todas esas llamadas telefónicas al más alto nivel para que nos ayuden a destrabar nuestro asunto; éstas, dicho sea de paso, además son la fuente número uno de corrupción, pues reafirman la idea de que éste es el único mecanismo que tenemos para poder hacer que las cosas se muevan más rápido. Con esto, lo que queremos decir es que un gobierno digital y con procesos orientados al ciudadano, más ágiles y rápidos, representa una fuente enorme de ahorros y productividad y, consecuentemente, reduciría drásticamente la corrupción que tanto nos lastima.

Los absurdos que hemos creado como sociedad se ven en todas las oficinas gubernamentales. A propósito, permítannos traer a colación una breve anécdota: en una ocasión, un ciudadano llegó rebosante de felicidad porque había logrado que le fuera entregado un análisis clínico, que requería de manera urgente, en un lapso de un mes y no a los tres meses, que era su expectativa. Aquí lo absurdo está en que esa reacción de felicidad desmedida y agradecimiento eran por un servicio que ya había sido pagado y tenía derecho a exigir.

A los gobiernos se les olvida que los ciudadanos y las empresas enfrentan una competencia global donde el único y verdadero jefe es el cliente/consumidor. Ellos exigen productos y servicios de la mayor calidad al menor precio y no están dispuestos a pagar por aquellas actividades o procesos que no les agregan ningún valor. Por lo tanto, es de esperar que este mismo principio rija al gobierno y a su organización, e implica que se requiere una reingeniería total de los procesos para poder reducir drásticamente las actividades de no valor agregado (que, por lo general, constituyen más de 80% desde la óptica del ciudadano).

Por todo esto, concluimos que los altos costos de un servicio son consecuencia de la fragmentación de los procesos que requieren los ciudadanos, y un gobierno eficiente será aquel que entienda que son justamente ellos la fuerza dominante; si fuera así, todos nuestros niveles de gobierno trabajarían para dar a sus ciudadanos los servicios que quisieran, cuando los quisieran y al mejor costo posible. Para intentar diseñar un modelo de organización para México centrado en el ciudadano, lo primero que hay que hacer es ponernos en sus zapatos y organizarnos en torno de sus procesos, a lo que él hace y piensa y, al final, darnos cuenta de que nuestra existencia se cimienta en brindarle soluciones.

Un proceso, como los que describimos aquí, no es más que una colección de actividades que crean valor; es por eso que tendríamos que hacer una reingeniería de todos y cada uno de los procesos del gobierno. Habría que preguntarnos: ¿por qué hacemos lo que estamos haciendo? Y, ¿por qué lo hacemos de esa forma? No se trata de efectuar cambios superficiales ni de arreglar lo que ya está instalado, se trata de abandonar las viejas usanzas. Rediseñar es reinventar, no mejorar ni modificar lo ya existente. Y sí, implica un cambio radical en velocidad y costo pues, de lo contrario, estaríamos hablando de una mejora continua (aunque ésta también debiera ser parte de nuestra cultura y, sobre todo, del entrenamiento de cualquier servidor público; tan simple como preguntarse todos los días: ¿cómo puedo hacer hoy mejor las cosas que ayer?)

Como todos podemos observar, muchos de los gastos de gobierno corresponden a estructuras jerárquicas. Entre éstos se encuentran, por mencionar un ejemplo, esas estructuras de soporte y seguridad que tiene el presidente pero que, si vemos con atención, tienden a ser replicadas en toda la organización. A este respecto, recordemos aquella idea de que la cultura se transmite por el ejemplo: si los funcionarios no son conscientes de que su razón de ser está en el servicio, y no logran transmitirlo con su ejemplo diario, las posibilidades de cambio y mejora en los costos y servicios será mínima o nula.

Al mapear los procesos nos daremos cuenta de que la mayor parte de las reducciones del tiempo de ciclo y de los costos vendrán de las estructuras organizacionales que, con el tiempo, se han vuelto obsoletas. Asimismo, cuando definamos nuevos procesos también nos daremos cuenta de que no todos son de valor para el ciudadano. Será importante identificarlos para poder verlos con claridad y saber cómo administrarlos y manejarlos. Hay tres tipos de procesos:

- Procesos de valor al ciudadano.
- Procesos habilitadores que soporten varios procesos de valor, como las finanzas, los espacios de oficinas, el mismo gobierno digital, etcétera.
- Procesos rectores o guías, es decir, los que dan dirección y rectoría al Estado; aquí se sitúan el Poder Judicial y Legislativo, las leyes y regulaciones, la planeación, entre otros.

Para pasar de la teoría a la práctica, intentemos hacer un ejercicio de cómo podría ser una estructura de gobierno administrada por procesos. El sentido común nos llevará a percatarnos de que no es tan complicada su concepción, mas sí lo será su implementación. Por ello, una de las mayores ventajas competitivas que tiene un país es que su gobierno entienda cuándo se requiere trabajar para cambiar la forma de organización y la cultura. Es ahí cuando el país logra mayor bienestar con equidad para su población. Por eso deberemos cuidar que todos los distintos procesos queden cubiertos, partiendo de la visión que establecimos en el tercer capítulo, donde establecimos para México cuatro pilares o diferenciadores y 16 estrategias. Ésta también es la oportunidad de atender temas importantes para el ciudadano que hoy se descuidan, pero que actualmente podemos ver que ya son atendidos en muchos países, pues sus cuadros de organización así lo reflejan.

PÚBLICOS A LOS QUE SERVIMOS Y PROCESOS DE VALOR

Antes de comenzar a diseñar nuevos procesos, es crucial identificar cuále .on los públicos a los que servimos y sus necesidades. Aquí se origina la razón de ser de un gobierno. Notaremos que existen muchos públicos, no sólo ciudadanos, que requieren ser atendidos. Con la intención de simplificar el panorama, a continuación enlistamos los más importantes (aunque reconocemos que pueden identificarse muchos más):

- Ciudadanos nacionales y extranjeros.
- Emprendedores y empresas.
- Gobiernos de otros países.
- Organizaciones civiles.
- Centros de investigación y universidades.

Y, ¿cuáles son los procesos que dan valor a esos públicos?

- Salud y prevención.
- Educación, cultura y desarrollo del conocimiento.
- Relaciones externas y cooperación internacional.
- Seguridad y justicia.
- Desarrollo económico y turismo.
- Infraestructura y ciudades inteligentes.

- Cambio climático y medio ambiente.
- Promoción de la felicidad y el bienestar.

Tengamos esto en mente y empecemos a visualizar cómo se conformaría la estructura de trabajo de un gobierno moderno, uno caracterizado por enfocarse en servir y por sus procesos de valor. Éste se vería así:

Figura 8.2. Mapa de procesos: nuestros públicos y procesos de valor.

PROCESOS HABILITADORES Y DE SOPORTE

Los procesos habilitadores son aquellos que fortalecen, apoyan o dan herramientas a más de un proceso de valor. Aquí quedarán los que no existen o que hoy están fragmentados en todas las divisiones del gobierno y que tienen una gran área de oportunidad si se unifican. A saber, el manejo del talento, estándares de trabajo y espacios laborales compartidos, áreas de comunicación y, sin lugar a dudas, la gran oportunidad que representa un gobierno digital.

Los principales procesos habilitadores son:

- Gobierno digital y tecnologías de la información.
- Finanzas sanas y eficientes.
- Desarrollo de talento y cultura de servicio.
- Espacios físicos y cultura del trabajo.

130

- Comunicación efectiva.
- Empresas del Estado.

Si agregamos estos procesos habilitadores a nuestro mapa, ahora se vería así:

Nuestros públicos

| Ciudadanos (nacionales y extranjeros) | Emprendedores y empresas | Gobiernos | Organizaciones cíviles | Centros de investigación |

Procesos de valor

Salud y prevención	Educación, cultura y desarrollo del conocimiento
Relaciones externas y cooperación internacional	Seguridad y justicia
Desarrollo económico y turismo	Infraestructura y ciudades inteligentes
Cambio climático y medio ambiente	Promoción de la felicidad y el bienestar

Procesos habilitadores

| Gobierno digital y TI | Finanzas sanas y eficientes | Desarrollo de talento y cultura de servicio |
| Espacios físicos y cultura del trabajo | Comunicación efectiva | Empresas del Estado |

Figura 8.3. Mapa de procesos: nuestros públicos, procesos de valor y procesos habilitadores.

Procesos rectores que dan guía y rumbo al país

Los procesos rectores son todos aquellos que hacen que un país trascienda en el tiempo y crean el balance entre el corto y largo plazos. A continuación se enlistan los procesos rectores para México:

- Transformación y futuro.
- Valores e inclusión.
- Legislación y ciudadanía.
- Poder Judicial.
- Regulaciones (de telecomunicaciones, de energía, ambientales, etcétera).

- Competitividad y gestión.
- Constitución y leyes.
- Auditoría.

Es cierto que algunos de éstos son virtuales y requieren de una simple coordinación, pero otros requieren vigilancia (pensemos en la auditoría, la creación de leyes, procesos que afectan la cultura y los valores, etcétera). Al integrar todos los distintos procesos, nuestro mapa final de un gobierno eficiente sería:

Nuestros públicos

Figura 8.4. Mapa de procesos: nuestros públicos, procesos de valor, procesos habilitadores y procesos rectores.

Es importante que nos detengamos un momento para hacer un par de aclaraciones. La primera es que esta forma de agrupar es sólo una sugerencia basada en nuestras primeras observaciones y la estrategia de país que establecimos para México, pero obviamente no es la única y siempre podrá ajustarse y cambiarse. La segunda aclaración es que éste tampoco es un organigrama tradicional en donde cada cajita es, nuevamente, un centro de poder y decisión. Lo que sí se requiere definir en este modelo es quién es el "dueño" o el responsable de cada proceso, para entender a quién le corresponde el rol de hacer una reingeniería, pues este papel siempre ha de ser ejecutado desde la perspectiva del ciudadano o público, siempre poniéndose en los zapatos de éste y siempre con una atención rápida y con un costo muy eficiente.

Tener un mapa de procesos nos ayuda a entender nuestra razón de ser y a recordarnos todos los días que en la parte superior siempre se encontrarán los públicos a los que servimos. También nos permite cambiar los títulos de los puestos encargados de cada proceso y esto, a su vez, nos llevará a entenderlos con mayor claridad y nos dará la oportunidad de diferenciarlos de aquellos títulos basados en organizaciones funcionales y jerárquicas. Por ejemplo, la función de la Secretaría de Hacienda y Crédito Público (SHCP) generalmente se asocia con el control, pero en el mapa que vimos anteriormente (finanzas sanas y eficientes) observamos que, en nuestra visualización, su valor adicional ahora será apoyar todos los otros procesos con sistemas de información que los ayuden en la toma de decisiones y a ser más eficientes. Lo anterior convertiría a la actual SHCP en un área que da servicio, habilita y entrena a las personas para que sean más eficaces; todo esto sin quitarle desde luego la responsabilidad del control que, por su misma naturaleza, tiene. Cambiar los nombres de puestos y asignar un "dueño" a cada proceso es sólo un primer paso, pero por sí solo empieza a generar el cambio de actitud necesario para una verdadera transformación.

El proceso de evolución de una organización tradicional hacia una de procesos centrada en los públicos lleva tiempo, por lo que es importante recalcar que se trata de un proyecto que trasciende más allá de un sexenio. Esta reorganización alcanzaría la madurez entre los cuatro y los siete años posteriores a su implementación; es un proceso complicado y, sobre la marcha, se enfrentarán muchas barreras y creencias arraigadas en nuestra cultura. Conviene insistir en que las estructuras organizacionales siempre deberán estar construidas en función de las estrategias y de los procesos que se busca generar. Y, en todo esto, es igualmente importante tener en mente que los servidores que han prestado servicios en el gobierno por muchísimos años verán amenazados sus puestos y generarán una resistencia al cambio; esto, que es de esperarse, siempre existirá. De la misma manera, los ciudadanos y los funcionarios que sientan que se atenta contra sus cotos de poder o sus fuentes de corrupción, siempre buscarán obstaculizar el logro de los objetivos de evolución y cambio en las estructuras de gobierno.

CAPÍTULO NUEVE

Alineando la cultura y los valores

> ¿Qué determina el éxito? En los siguientes doce
> meses: ejecución. En los siguientes dos años:
> estrategia. En los siguientes cinco años: compe-
> tencias y plataformas organizacionales. Después
> de eso: valores.
>
> GARY HAMEL

Una sociedad se diferencia de otras por su cultura. La importancia
de ésta es incuestionable. Para muestra, pensemos en cómo nos com-
portamos cuando entramos a un país distinto al nuestro: aprendemos
rápidamente sus usos y hábitos, los imitamos de forma inmediata,
incluso sin conocer las leyes o las reglas de ahí. Y en eso, cada país
es único. Por ello, si vamos a Suiza de inmediato veremos cómo los
automovilistas se detienen para darle paso al peatón. Y si viajamos a
Singapur nos sorprenderá su limpieza extraordinaria, y muy rápido
nos percataríamos de que no hay manchas de goma de mascar en las
calles; tras indagar un poco, nos enteraríamos de que la multa por
deshacerse de un chicle en la vía pública es de quinientos dólares.

Japón es una economía cuatro veces mayor a la nuestra, lo que no
deja de sorprendernos: es una isla con una población similar a México, con un territorio cinco veces menor que no cuenta con la riqueza natural que nosotros tenemos. Además del alto nivel de educación
y desempeño académico de su población, Japón se distingue por dos
valores que hacen singular a su cultura: la confiabilidad y la mejora
continua, los cuales se reflejan en todos los aspectos de la vida. En este
país, el valor de la confiabilidad ha llegado al extremo de hacer de los
conceptos de "calidad total" y "justo a tiempo" una forma de vida, y

por eso han logrado crear cadenas de suministro, con inventarios cero o mínimos, en sus procesos de manufactura, lo que pueden hacer simplemente porque nadie les falla en sus entregas a la hora que están programadas. El daño que causaría si alguno fallara es tan alto que hacen lo imposible por cumplir con su palabra (incluyendo trabajar las horas extras que fueran necesarias). La misma confiablidad se ve replicada en toda la vida de los japoneses; tan sólo reparemos en lo famosos que son sus trenes debido a su puntualidad. En una ocasión, comentábamos muy sorprendidos con unos japoneses esta característica de su sistema ferroviario y uno de ellos dijo: "No son tan puntuales; fíjate, ahí dice 10:21 y la hora en la que llegó ya está muy cerca del minuto 22 aunque diga 21". No podemos ignorar que dicho nivel de perfección les genera otro tipo de problemas en su vida, pero en materia de puntualidad y confiabilidad, los hace muy distintivos.

El segundo de sus valores, el de la mejora continua, lo aprendieron del estadounidense Edward Deming, quien visitó Japón en 1950 y les enseñó los procesos de calidad total. Traducido a la vida diaria de los japoneses, este valor hace que todos los días hagan mejor las cosas que el día anterior. Este hábito los ha llevado a ser una de las sociedades más innovadores del planeta, pues toda su población lo ha tomado como una forma de vida: trabajan para innovar y cuestionan todo. Gracias a los dos valores que aquí hemos querido resaltar de su cultura es que Japón, en muy poco tiempo, logró cambiar el paradigma de que lo hecho en Japón era sinónimo de mala calidad y ahora se piensa exactamente lo contrario. Éste es un ejemplo claro de cómo cuando una sociedad se ancla a ciertos valores se pueden obtener resultados extraordinarios. Por ello, es de suma importancia seleccionar bien estos valores e identificar aquellos que sean los más relevantes para la actividad económica que desarrolla el país. Sólo cubriendo este primer paso se podrá poner en marcha la estrategia de país de visibilizarlos y, posteriormente, medirlos.

En el siglo XXI, algunos de los diferenciadores más importantes serán la cultura y la energía positiva de su sociedad. Mejorar la velocidad de acción es uno de los retos a los que se enfrente un país, o dicho de otra forma, la rapidez para hacer que las cosas sucedan. Esto sólo se logra cuando la energía de toda la sociedad se encamina en una misma dirección; pero para que esto ocurra se requiere un camino y una visión que inspire, así como valores que sean fomentados y reconocidos diariamente. Al faltar esta línea, la sociedad tiende a enfocar su energía en cargas negativas y se dedica a criticar y quejarse de manera constante, como sucede actualmente en México. Hagamos el ejercicio de observarnos, sea individual o grupalmente, para darnos cuenta de la cantidad de tiempo que destinamos a pensamientos positivos y cuánto damos a los negativos. El mismo ejercicio nos podría llevar a predecir los resultados de un país, de una empresa o de una vida en plenitud. El tiempo es lo más escaso que existe, y si lo desperdiciamos en energías negativas, o confrontándonos entre todos, lo único que haremos es volver a perder el tren del desarrollo.

Por esto pensamos que uno de los indicadores más importantes para medir el pulso de un país se encuentra en su nivel de optimismo o pesimismo y la confianza que deposita en su liderazgo y en sus instituciones. Está demostrado que estas dos variables tienen una gran correlación con los factores económicos, y también con los niveles de satisfacción y felicidad de un ser humano. Pero regresemos al caso colombiano. Cuando Álvaro Uribe llegó a la presidencia, generó una visión de país y planteó que la autoestima nacional fuera considerada un valor a rescatar a través del programa "Colombia es pasión". En ésta, como hemos visto antes, se mostraba a todos aquellos colombianos con trayectorias de éxito en el exterior, como Shakira, Botero, Gabriel García Márquez, Juanes, Juan Pablo Montoya, entre otros. Esta campaña de orgullo y autoestima logró un optimismo en Colombia nunca antes visto, que se tradujo en el crecimiento más alto de su economía: 6% anual durante seis años.

Por eso decimos que gestionar la energía de las personas de un país es un gran reto; pero, si se logra encauzarla en forma positiva, se generan resultados extraordinarios en inversiones tanto internas como externas. Esto debido a que, en este escenario, se conseguiría que millones de personas pensaran y hablaran bien de su país; o, como podríamos decir coloquialmente, lo "venderían".

Como ya lo comentábamos en el capítulo 3, el viaje a Israel que realizamos en 2017 junto con los integrantes del Consejo del Tecnológico de Monterrey nos dejó grandes aprendizajes. De antemano teníamos el conocimiento de la cantidad de problemas que hay en el país por conflictos milenarios y esperábamos notarlos de inmediato. Para nuestra sorpresa, sólo observamos ciudadanos orgullosos de lo que eran y de lo que habían logrado; asimismo, los emprendedores hablaban de sus fracasos como aprendizajes, evidenciando que éstos sólo los hacían mejores. Al final del viaje, lo que nos llevamos con nosotros de regreso a casa fue toda esa energía positiva que nos trasmitieron y nos quedamos reflexionando cómo ésta se veía traducida en resultados económicos: era inevitable obviar que su ingreso por habitante es cuatro veces el de México, y el crecimiento de Israel durante los últimos veinte años rebasa al mexicano en seis veces más.

Como hemos recordado de manera insistente, en el modelo para alinear la visión, la organización y la cultura que hemos propuesto aquí, podemos notar cómo la sombra del círculo correspondiente a la cultura es muy superior a las otras, lo que nos da una idea de la importancia que este elemento representa para un país. Al mismo tiempo, el proceso de alineación de la cultura es más complejo debido a que implica, primero, definir una serie de valores para, posteriormente, aprender a vivirlos, medirlos y premiarlos; algo que no se logra de la noche a la mañana. Es por eso que este aspecto genera poco interés por parte de los políticos; éstos se interesan poco en trabajar áreas poco medibles, de largo plazo y que implican romper algunos paradigmas o creencias muy arraigados en la sociedad.

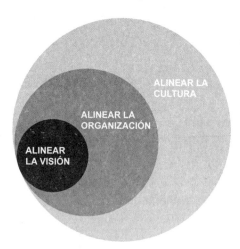

Figura 9.1. Modelo para alinear visión, organización y cultura.

138

En 2015, el Foro Económico Mundial enlistó los diez mayores retos a los que se enfrentará la humanidad, y uno de ellos concierne a la falta de líderes capaces de enfrentar estos desafíos. Comentamos este dato en la introducción del libro y lo retomamos ahora, pues nos parece absurdo que en una población ya cercana a los 8 mil millones de habitantes sigamos hablando de falta de liderazgo. Y si lo vemos con atención, nos hacen falta personas que tengan la capacidad de gestionar la energía de los ciudadanos, que también nos inspiren (en torno de una visión) y nos conduzcan a un lugar al cual no podríamos llegar solos. No podemos negar que tenemos muchos líderes que no merecen tener ese título, como aquellos que solamente poseen la autoridad o el mandato, pero cuya forma de actuar, si los analizamos, consiste únicamente en el diagnóstico de problemas y la elaboración de una larga lista de las soluciones que ven para nuestros problemas (algunas de éstas muy bien descritas, que quedan perfectas en papel, pero que son casi imposibles de implementar). Definitivamente hay una gran diferencia entre éstos y aquellos líderes que verdaderamente inspiran a soñar; que identifican los problemas, pero también el punto de partida para poder avanzar a mayor velocidad y con la energía correcta; que son realistas y que están siempre luchando junto a todos, aprendiendo de los errores con el fin de avanzar. La energía de éstos se multiplica aún más cuando se establecen valores que fungen como un pegamento que nos da cohesión. Porque, aunque podamos pensar muy diferente, no cabe duda de que los valores y la visión compartida no se negocian: son, al final, lo que nos diferencia como sociedad a largo plazo.

En una época de cambio y turbulencia, el líder debe enfocarse en proteger el futuro y cuidar que los valores y la estrategia se respeten, en destrabar los procesos y permitir hacer algunas reingenierías y cambios radicales en algunos procesos para atender lo que nos impide movernos a mayor velocidad. Cuando el líder dedica su día sólo a los problemas a corto plazo y a los asuntos urgentes, el país, por lo general, no avanza, pues no está empleando su tiempo y esfuerzo en lo único que no puede ni debe delegar: el futuro. Junto con la agenda de transformación y la estrategia para llegar a ella, el cuidado de los valores implica recordarlos todo el tiempo y sancionar o corregir cuando éstos no son respetados, y hacer lo que sea requerido con esta finalidad, sin importar si eso significa la expulsión de un miembro del equipo que incurre en faltas. Como se ve en los equipos exitosos, el líder no puede permitir la impunidad. Si algún o algunos integrantes no respetan los valores y no los practican, el resto del equipo y, finalmente, el líder, deben dejar claro que eso trae consigo consecuencias serias. "Una manzana podrida hecha a perder a las demás."

Si en una organización todos sus miembros se dedican a robar o a violar los más mínimos principios y valores de la misma, estamos convencidos de que ésta no subsistirá, pues nunca habrá suficientes "auditores" o vigilantes controlando o evitando los malos manejos de los demás compañeros. Esta tarea —por cierto, nada agradable—, que tiene que llevar a cabo cualquier líder, es crucial para el buen desempeño de una organización. Si a esto además añadimos que los gobiernos viven de y manejan recursos ajenos, pues al final son los mismos ciudadanos los que los aportan, el celo y el cuidado para garantizar el buen uso de todos esos recursos termina siendo fundamental para el buen desempeño de la actividad gubernamental. Por todo esto, podemos diagnosticar un país observando la agenda de sus líderes de primer y segundo nivel. Si el tiempo lo dedican en agendas urgentes y a resolver problemas que podrían delegar, tarde o temprano el precio lo pagará la sociedad.

En la siguiente grafica se ilustra el balance que un líder debería mantener si quisiera aspirar a convertir al país que dirige en uno diferente y único, o si quisiera que éste fuera el mejor. El líder únicamente cuenta con sus decisiones y su tiempo, por eso es trascendental cómo decide utilizar este último; y si hablamos específicamente del líder de un Estado, de eso mismo también dependerá el futuro de una nación.

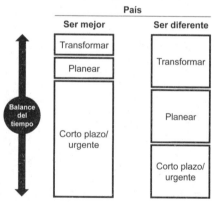

Figura 9.2. Ser mejor o ser diferente.

Tendemos a hablar de la revolución tecnológica, pero poco aludimos al proceso de cambio en la dimensión humana. La complejidad de alinear una cultura radica en la resistencia natural del ser humano, pero si no logramos avanzar en el cambio cultural a una mayor velocidad de nada habrán servido todos los avances de la tecnología. Nadie duda de que los trabajos serán cada vez más complejos y más retadores, pero al mismo tiempo requerirán más autonomía para dar velocidad a las decisiones y para poder responder más rápido a las necesidades del ciudadano.

Esto implica que todos tienen que trabajar alineados y con mucha congruencia, pues estos temas siempre son interdependientes. Porque si hablamos de austeridad y vemos que la forma en la que se comporta el líder es completamente opuesta, estamos asegurando un fracaso total en la obtención de resultados que se requieren. Lo mismo si hablamos de innovación y los sistemas de recompensan no la premian; o, incluso, si se castiga al que falla en los nuevos proyectos o cuando no impulsamos el trabajo en equipo, fragmentando el trabajo en distintos departamentos sin tener un enfoque que una a todos los servicios al ciudadano bajo un mismo líder.

Así pues, alinear la cultura implica revisar los roles y la autoridad, las políticas y los protocolos, el poder y las reglas de jerarquía, el lenguaje, las normas y los valores, las oficinas y los ornamentos, las métricas y la recompensa. En una organización, al final la creación de una verdadera cultura uniforme y centrada en el largo plazo requiere una total convicción por parte de todo el equipo y, del mismo modo, que éste además se solidarice y se identifique en las formas, costumbres, tradiciones y reglas internas que se viven diariamente. Algunos les llaman a éstos "valores entendidos", pero otros los tienen perfectamente declarados y descritos: son parte esencial del "contrato" inicial que revisa cada integrante. Sobra decir que los miembros del equipo son conscientes en todo momento que la violación a esos valores siempre tendrá consecuencias.

Como hemos enfatizado anteriormente, el reto que tenemos ahora es elegir los valores acorde con la visión de país que proponemos; para ello, debemos anclarnos tanto en los elementos de nuestra propia cultura como en aquellos que nos ayuden a transitar de una economía manufacturera hacia una basada en el conocimiento.

Si tuviéramos que seleccionar cuatro o cinco valores positivos que distingan a México, para después gestionarlos, tendríamos que establecer cuáles son importantes para nuestra actividad económica y social, y cuáles nos ayudarán a emigrar de una economía de manufactura propia del siglo XX a una del conocimiento.

Mientras hagamos esto, debemos cuidar no incluir aquellos valores que son universales y que todos los países debieran tener, pues si lo hiciéramos perderíamos la oportunidad de ser únicos y distintivos. En primer lugar, los valores deberán reflejar aquello que nos ayuda a lograr la estrategia. Y, en segundo, deberán coincidir con aquellos que se practican actualmente en México y que forman parte de nuestra cultura; de toda la lista que nos viniera a la cabeza, tendríamos que elegir alguno al que quisiéramos darle visibilidad. Pensemos, por ejemplo, en la amabilidad y servicio que, en conjunto, constituyen una filosofía que pocos países practican y que se alinea completamente a la estrategia de un México abierto al exterior y con un gran potencial turístico; a la par, posiblemente éste sea uno de los atributos del mexicano que tiene un gran reconocimiento en el exterior.

La innovación será el ingrediente más importante de la nueva economía, porque el ciudadano hoy sólo aprecia aquello que le da valor a corto y largo plazos, de manera que tendremos que buscar, por un lado, formas diferentes de eliminar o minimizar todo aquello que no le da valor y, por el otro, encontrar nuevas maneras de llevar mejor la administración.

Según el reporte de 2017 titulado *Income Distribution and Poverty*, de la Organización para la Cooperación y el Desarrollo Económicos (OCDE), México es el país con el coeficiente de Gini más alto de esa organización, lo que quiere decir que somos el país con más desigualdad en los ingresos de su población. Adicionalmente, dentro de este mismo grupo de países, somos el de menor altruismo, con un porcentaje del PIB de 0.2%, que contrasta con 2.2% de Estados Unidos. Por lo tanto, si queremos más movilidad social y abrir nuestras fronteras al mundo, la construcción de una cultura incluyente y meritocrática es un objetivo trascendental; un elemento necesario para atraer y retener talento de todo el mundo.

Una cultura de trabajo en equipo y de solidaridad es indispensable. El individualismo, que en ocasiones puede rayar en egoísmo, así como nuestras diferencias, debe transformarse en un proceso solidario para buscar juntos un destino de orden superior. Vivimos en un país en el que la mentira, la corrupción, la hipocresía y la falta de respeto a los demás parece ser un hábito por doquier, pero la honestidad y el respeto son el principio fundamental para generar confianza. Es necesario decir la verdad, ser transparentes y respetar, por sobre todas las cosas, las normas que se consideran correctas y adecuadas para la vida en comunidad. Cuando uno se rige con la verdad no sólo se respeta a sí mismo sino al resto de los demás.

Con todo, sugerimos una pequeña lista de valores que se debemos promover; hemos elegido sólo cinco, pero, por supuesto, pudieran cambiarse o ajustarse:

1. Amabilidad y servicio.
2. Innovación.
3. Inclusión y meritocracia.
4. Trabajo en equipo.
5. Honestidad y respeto.

Para definir mejor a qué nos referimos con cada uno de estos valores, podemos utilizar frases cortas que indiquen las conductas que nos gustaría ver para cada uno de ellos y así dejar claro su significado. Por ejemplo:

Amabilidad y servicio:
1. Siempre atendemos a las personas de forma inmediata y con una sonrisa, dejamos todo por servirles.
2. Siempre nos expresamos con alegría, franqueza y honestidad.

Innovación:
1. Somos emprendedores, generamos ideas, las hacemos realidad y asumimos los riesgos necesarios.
2. Apoyamos a las personas que se atreven, que generan cambios y que, además, aprenden de sus errores y hacen que las cosas sucedan.

Con estas frases podemos hacer una muestra nacional calificando del uno al 10 para ver si el valor se vive intensamente en distintos lugares, incluyendo las oficinas de gobierno. Los resultados serán material para reforzar los valores en los que estamos bien y trabajar los aspectos débiles. Sabemos que el cambio de cultura es difícil. No obstante, de lograrlo, nos convertiremos en un país que día a día se fortalecerá a través de la vivencia de nuestros valores y nos permitirá convertirnos en uno de los mejores lugares para vivir.

CAPÍTULO DIEZ

Asumamos el reto: lancemos la marca país

> Nunca dudes que un pequeño grupo de personas puede cambiar al mundo.
>
> MARGARET MEAD

Cuando observamos a aquellos países que han logrado saltos cuánticos, nos impresionamos y buscamos inmediatamente alguna justificación de por qué ellos sí pudieron y nosotros no. Con el paso del tiempo nos es posible identificar a las personas, los países y las organizaciones que están logrando cambios profundos y rompen paradigmas a un ritmo mucho más acelerado que otros. Generalmente, quienes sobresalen lo han logrado debido a que dedicaron el tiempo necesario a temas imperativos e importantes para su desarrollo. Si analizamos cuánto de nuestro tiempo dedicamos a atender asuntos urgentes y no urgentes, y cuánto a asuntos importantes y no importantes, muy seguramente concluiríamos que gran parte del tiempo lo destinamos a los urgentes, dejando para después los importantes. Entre estos últimos podríamos nombrar el rumbo de nuestra vida, nuestra nación, nuestras relaciones afectivas, y muchos más. Sin embargo, también es cierto que, para que trascienda un proceso de cambio, éste requiere una visión y una persistencia a través del tiempo, y esto no es, en lo absoluto, una tarea fácil. Prueba de ello es que siempre vemos países que tuvieron un gran éxito, pero nunca volteamos a ver los muchos que aún se mantienen en un nivel de subdesarrollo.

Si hoy les preguntáramos al azar a los mexicanos cuál es la visión de México, seguramente la respuesta más común sería un simple "no sé". Ya lo hemos mencionado antes aquí: es común decir que

México, a pesar de estar en las primeras economías del planeta por su tamaño, se encuentra en la media tabla, y en todos los demás indicadores, en lugares cercanos al 50 a nivel mundial. Esto no debería ser más que una motivación mayor para que, dada la situación geográfica y circunstancial en la que nos encontramos, logremos unirnos y comprometernos a superar nuestra situación actual. Nuestra única obsesión hoy debería ser la de convencernos todos de que el cambio para bien es muy posible, y que es, además, en extremo conveniente, pues nos conduciría rápidamente a un crecimiento ideal y desarrollo hacia el futuro.

Respecto de Latinoamérica, nuestra economía contrasta en forma muy positiva por su alto contenido de manufacturas y no por tener muchas otras que son dependientes aún de recursos naturales. No obstante, en temas de educación y en la facilidad para hacer negocios, la mayoría de los países latinoamericanos realmente nos superan. Es por ello que creemos que ya no debemos compararnos más que con las más grandes economías del mundo, y así autoimponernos objetivos mucho más relevantes y de superación a futuro.

Lo decimos de nuevo: transformar un país no es tarea fácil; no es algo que se logra con una receta, sino que requiere que todos los componentes de superación estén alineados en forma sincrónica, lo cual hace del proceso algo muy complicado. Se requiere resolver temas como:

1. *Una visión inspiradora.* El primer ingrediente es tener un sueño que nos inspire. Ésta es la razón detrás de este libro, pues pretendemos dar una aportación fresca que genere debate, establezca una visión compartida que nos unifique, inspire y, sobre todo, que nos mueva a la acción. Seguramente ésta no será la única ni la mejor, pero tener una visión que nos una ayudará a encauzar la energía y a movernos a mucha mayor velocidad.

2. *Habilidades y personas con talento.* No podemos olvidar que toda organización está compuesta por personas y éstas, en conjunto, le transmiten la personalidad y carácter a cualquier

organización. De la misma manera, los errores típicos en la toma de decisiones de una organización serán claramente el reflejo de las debilidades de las personas que la componen. Por lo tanto, si un gobierno se rodea de personas sin las capacidades para transformar, cambiar la cultura y romper paradigmas, nada de lo que esté establecido en la visión sucederá. Asimismo, si también asignamos a las personas no aptas para los distintos puestos, les generaremos una ansiedad enorme porque no podrán con el reto. Si partimos de que la falta de líderes es un gran problema en la humanidad, como vimos en el apartado anterior, aquí radica la esencia para que las cosas sucedan, y es por ello que la elección de quién dirigirá México se vuelve crucial. El trabajo más importante de esta persona será rodearse de un equipo de líderes evidentemente mejores que él, capaces de articular y ejecutar de manera coordinada un buen plan de nación; líderes que nos lleven por un camino que no conocemos y al que no nos atreveríamos a ir solos.

3. *Alineamiento*. De nada sirve tener una visión y gente preparada si los líderes promueven agendas personales y no tienen los deseos de profesionalizar sus actividades y llevarlas a la excelencia. La energía del país será el reflejo del actuar de sus líderes, y si ellos no trabajan en equipo y no comparten la visión, siendo promotores apasionados y ejemplos activos de ella, el proceso de cambio se verá lleno de conflictos (como los que hoy vemos, los mismos que no nos permiten avanzar en temas básicos o simples).

4. *Recursos*. Tenemos que entender que los recursos son muy limitados porque la mayoría vienen de la propia sociedad. También debemos tener clara la idea de que el tiempo es el recurso más valioso, por lo que no podemos ni debemos desperdiciarlo. Del mismo modo, es importante tener claro que las soluciones que buscamos deben contener mayor productividad y, sobre todo, incluir el aprovechamiento de los avances tecnológicos. Y todo esto tiene que estar en la mente de

147

los líderes del gobierno, comenzando con los de los poderes Ejecutivo, Legislativo y Judicial. Tengamos claro que, si esta cultura no está inmersa en ellos y no se vive con el ejemplo, solamente tendremos una enorme frustración generada al ver a los líderes de la vieja economía, que aparentemente sólo pueden actuar con mayores recursos económicos; éstos serán claramente despreciados, pues la sociedad actual, con tantos jóvenes, sólo quiere ver de sus líderes soluciones justo en la dirección opuesta. Si un líder sigue con una gran cantidad de personal en sus oficinas de apoyo, espacios enormes y no compartidos de trabajo, seguridad excesiva y despliegues de prepotencia en toda su gente, por mencionar algunos ejemplos, nunca tendrá la calidad moral para exigir y promover una transformación y productividad reales.

5. *Plan de acción.* Sí, estamos de acuerdo en que necesitamos una visión con los líderes adecuados, trabajo en equipo, participación de toda la sociedad con los recursos adecuados; pero sin un plan de acción muy específico y sin metas muy claras y objetivas, todo esto sería dar pasos en falso. Un plan de acción nos ayudará a priorizar y a elegir solamente las "batallas" que necesitamos luchar para ser únicos y distintivos. Ser un país admirado es un gran reto porque requiere articular muchos procesos y a muchos grupos, empezando por toda la sociedad, para lograr alinear una visión, pero como dijo Luis Rubio en una de sus columnas: "El verdadero reto de México [es] gobernar con miras al futuro […] el hecho tangible es que nadie se preocupa por crear un mejor sistema de gobierno para que el país pueda desarrollarse y prosperar".* O, dicho de otra forma, las estructuras organizacionales con las que originalmente fue diseñado el aparato gubernamental obedecen a modelos obsoletos que fragmentan el trabajo y donde el ciudadano parece invisible. De nada serviría una buena visión y un plan si ésta no se encuentra

---

* Luis Rubio (13 de agosto de 2017), "No es chiste", blog personal. Recuperado de <http://luisrubio.mx/wp/?p=5578>.

alineada a una nueva forma de organizar el gobierno, con un enfoque en los procesos del ciudadano un gobierno digital que comparta servicios y se centre en la productividad (como expusimos en el capítulo 8). De no ser así, esa visión será un fracaso o traerá consigo muy poco avance.

Pero, ¿cómo hacemos que esta visión inspiradora se despliegue en todo el mundo y no sólo en México?

Construir una marca país es indispensable, porque vincula a alguien con una propuesta y nos hace sentir emoción, lealtad, empatía y cercanía. Tenemos que ser conscientes de que estamos en una competencia feroz entre muchos países y a todos nos urge prosperar. Estamos en un juego global de atracción y competencia por capital, talento, proyectos, inversiones, ideas y turismo.

Para el desarrollo de una marca país se requieren tres características básicas:

1. Ser propositiva y atrayente, que permita atraer talento y recursos.
2. Ser aspiracional, pero claramente anclada en una realidad histórica.
3. Y ser distintiva, es decir, que incluya ventajas diferenciadoras, relevantes y, sobre todo, comprobables.

La esencia de un México "donde hacemos que las cosas *sí* sucedan" es muy poderosa porque muestra claramente que lo posible se da por un hecho. Es incluyente, empodera e invita a ser parte de ella. Tiene evidencias comprobables de que así somos. Refleja el espíritu de México de ser "echados para adelante" y es un disparador para un ciclo positivo de acción. Así, la pregunta —y reto— es: ¿cómo lo expresamos para emocionar, atraer y presentarnos como marca país?

México: el país del sí

Esta oración de sólo cinco palabras puede ser muy inspiradora porque genera un gran compromiso e incluye de una palabra muy simple que genera acción y energía muy positiva. El "sí" nos indica que no importan los retos y las adversidades, y sugiere que México puede remontar el marcador en forma muy rápida. Le dice al mundo: "Vengan a México porque aquí es el país donde hacemos que las cosas *sí* sucedan". Asimismo, la frase nos permite crear una campaña de orgullo, de apertura, muy sencilla, que refleja amabilidad para hacer negocios, y deja a México como un lugar para visitar o venir a vivir. Al interior del país y del gobierno, nos habla de un cambio de actitud hacia el servicio, la productividad, el respeto, la puntualidad, la seguridad que genera confianza y, sobre todo, de un enfoque en las oportunidades, para resolver los problemas con una energía positiva, más que de desconfianza y de queja continua, lo que a su vez se traduce en el típico desánimo y de pobres resultados.

Figura 10.1. Marca México: propuestas de posibles logotipos y aplicaciones.

Es importante que la estrategia de país esté también anclada por ciudades, pues éstas son las que atraen a las personas para que vengan a vivir. La concentración urbana es una realidad y en este proceso los países pierden relevancia. Si revisamos cuáles son las ciudades más innovadoras, en el *Innovation Cities Index 2016–2017* aparecen Londres, Nueva York y Tokio como las tres primeras; la Ciudad de México ocupa el escalón número 84; Monterrey, el 221, y Guadalajara, el 356. Estas clasificaciones nos alejan mucho de ser el lugar donde las grandes transformaciones tecnológicas suceden, y, por lo mismo, el talento dedicado a ellas no nos ve como una opción de vida atractiva. Lo mismo sucede con los rankings de calidad de vida y ciudades atractivas para estudiantes que revisamos en el capítulo 6. La consecuencia de hacer las cosas bien será que nuestras ciudades se vuelvan aspiraciones para vivir y por ende se posicionarán mejor en los rankings globales.

Por otro lado, la Organización de las Naciones Unidas estima que en 2050, 70% de la población mundial vivirá en ciudades, contra

29% en 1950 y 52% en 2015. Esta migración a nuevas formas de vida ofrece la oportunidad de ser más eficientes en el uso de los recursos y servicios, pues éstos son comunes y se comparten en espacios pequeños. Hoy, 14 ciudades superan los 20 millones de habitantes, y Tokio, con sus 40 millones, es la segunda ciudad más poblada después de Cantón (48 millones), y una de las más eficientes en manejo de tráfico, contaminación y espacios públicos. Vivir en ciudades verticales será una gran oportunidad, pero debemos dar personalidad y vocación en función del tipo de talento que queramos atraer y retener.

Si revisamos las ciudades de México comparativamente contra las latinoamericanas, en el Reporte de Competitividad 2012 de *The Economist*, Buenos Aires, São Paulo y Santiago superan a la Ciudad de México, la cual se encuentra en cuarto sitio; Monterrey está en el noveno peldaño, superada por Río de Janeiro, Panamá, Lima y Bogotá. En contraste, Guadalajara se establece en el sitio doce.

Con todo esto, lo que queremos subrayar es que no sólo debemos trabajar en la marca México, sino que también debemos concentrarnos en el importante trabajo de seleccionar algunas ciudades para hacer que alcancen un lugar relevante en el escenario mundial, es decir, para posicionarlas en el panorama global actual. México se encuentra en una nueva encrucijada y tendrá que romper viejos paradigmas si quiere emigrar hacia una economía del conocimiento que le permita superar muchos de los rezagos que el antiguo modelo no le ha permitido aniquilar. Hoy estamos anclados en muchas creencias que no nos dejan avanzar, pero al mismo tiempo nos sentimos muy orgullosos de nuestras raíces y de muchos de los recursos con los que contamos, incluida nuestra población joven y vibrante. A pesar de toda nuestra riqueza en biodiversidad y multiculturalidad, nuestro ingreso promedio por habitante es de tan sólo 9 mil dólares al año (por debajo de la media mundial, que es de 10 mil dólares) y tenemos una brecha social y de dispersión de la riqueza considerada como una de las mayores del mundo.

Pocas veces nos preguntamos si las cosas pudieran ser diferentes, al grado de que cualquier otra forma de pensar la justificamos y damos razones de por qué somos como somos. Estos mecanismos de defensa son los que impiden que las sociedades avancen. Le tenemos miedo al cambio, pero es tiempo de crear otro México y es tiempo de dejar de ser espectadores desde la tribuna. Es tiempo de atrevernos a desafiar y romper algunos paradigmas tan simples que si los superamos, lograremos llegar a otro nivel de desarrollo. Algunos de estos paradigmas a los que nos referimos son los siguientes:

- Reconocer a la **educación** de calidad y la cultura de la **meritocracia** como los grandes impulsores del desarrollo y de la movilidad social.
- El **talento** es y será el impulsor de la nueva economía. Éste es muy escaso y, por lo tanto, hay que **abrir las fronteras**, invitarlo y atraerlo de distintas partes del mundo; aquí se incluyen universidades y centros de investigación del sector privado.
- La idea de un **gobierno digital** en el que la mayoría de los servicios al **ciudadano** sean instantáneos y por línea. Éste será, además, el mejor antídoto contra la corrupción y reducirá muchísimo los costos operativos del gobierno.
- La seguridad podrá resolverse con mayor facilidad densificando las **ciudades** y viviendo en comunidades donde la vida sea más divertida, sustentable, solidaria, organizada y eficiente en el uso de los recursos.
- Que los **impuestos prediales** sean la mayor fuente para la sostenibilidad de las ciudades, buscando menos dependencia de fondos federales, para que los impuestos de esa fuente puedan reducirse y ser detonadores de la promoción económica y social.

Es hora de pensar como un solo México "donde hacemos que las cosas *sí* sucedan". Y es hora de concentrar nuestros esfuerzos en la formación de talento de calidad, la creación de ecosistemas de emprendimiento e innovación, la consolidación de ciudades vivibles, divertidas y seguras para vivir, y un gobierno digital enfocado en servir (en el que el ciudadano sea visto como el verdadero jefe). Es nuestra oportunidad de emigrar de una economía de manufactura, que privilegia la mano de obra, a otra en la que veamos a las personas por su capacidad creadora, por sus ideas y por su mente; sólo así podremos dar un salto cuántico en los ingresos de la población. Éste es el único camino que hoy conocemos para elevar en forma sostenible la riqueza, cerrar la terrible brecha social actual y mejorar los niveles de bienestar.

Hablemos bien de México y de su visión transformadora, adoptemos "El México del *sí*". Es hora de compartir, de comprometernos todos, de ser empáticos, incluyentes y de imaginarnos el país que deseamos para nuestras futuras generaciones.

Bibliografía

"2017 City Rankings" (2017), Mercer Consulting, Nueva York, tomado de <https://www.imercer.com/content/mobility/rankings/d147852/index.html>.

"Attracting, Developing and Retaining Effective Teachers. Country Background Reports", Organisation for Economic Co-operation and Development, tomado de <https://www.oecd.org/edu/school/attractingdevelopingandretainingeffectiveteachers-countrybackgroundreports.htm>.

"Cuáles son las ciudades con mejor calidad de vida de América Latina y el resto del mundo" (14 de marzo de 2016), BBC Mundo, Londres, tomado de <http://www.bbc.com/mundo/noticias-39266234>.

"La diferencia que hace la diferencia", tomado de <https://s6ae516d43c-123d4a.jimcontent.com/download/version/1435694809/module/6634353354/name/LA%20DIFERENCIA%20QUE%20HACE%20LA%20DIFERENCIA.pdf>.

"Mexicanos sobreviven, pero no por su ingreso: México, ¿cómo vamos?" (5 de marzo de 2015), *Animal Político*, México, tomado de <http://www.animalpolitico.com/2015/03/mexicanos-sobreviven-pero-por-su-ingreso-mexico-como-vamos/>.

"México, en el lugar 25 de los países más felices del mundo; Noruega ocupa el primer sitio" (20 de marzo de 2017), *Proceso*, México, tomado de <http://www.proceso.com.mx/478726/mexico-en-lugar-25-los-paises-felices-del-mundo-noruega-ocupa-primer-sitio>.

"México, en el puesto 25 de los países más felices del mundo" (21 de marzo de 2017), *Forbes México*, México, tomado de <https://www.forbes.com.mx/mexico-puesto-25-paises-mas-felices-mundo/>.

"Presenta Mercer calidad de vida internacional 2016" (23 de febrero de 2016), Mercer Latinoamérica, Ciudad de México, tomado de

<https://www.latam.mercer.com/newsroom/ciudades-con-mejor-calidad-de-vida-para-expatriados-2016.html>.

"Ranking mundial de la felicidad: México entre los primeros puestos de Latinoamérica" (20 de marzo de 2017), *Universia México*, México, tomado de <http://noticias.universia.net.mx/cultura/noticia/2017/03/20/1150732/ranking-mundial-felicidad-mexico-primeros-puestos-latinoamerica.html>.

Acemoglu, Daron, y James Robinson (2012), *Why Nations Fail*, Crown Business, Nueva York.

Alva, Salvador (2011), *Empresa admirada: la receta*, LID Editorial, México.

Alva, Salvador (22 de mayo de 2017), "El México que queremos: un viaje inspirador a Israel", *Milenio*, tomado de <http://www.milenio.com/firmas/salvador_alva/viaje-israel-universidades-innovacion-emprendimiento-proyecto_de_nacion-milenio_18_961283874.html>.

Alva, Salvador (29 de marzo de 2017), "Para salir de la media tabla", *Reforma*, México, tomado de <http://www.reforma.com/aplicaciones/editoriales/editorial.aspx?id=109840&po=3>.

Alva, Salvador, y José Antonio Fernández Carbajal (15 de noviembre de 2016), "Un futuro en común", *El Norte*, Monterrey, tomado de <http://www.elnorte.com/aplicacioneslibre/editoriales/editorial.aspx?id=101310&md5=e85bbdb9331aeb5d8eca85cd8167f37b&ta=0df dbac11765226904c16cb9ad1b2efe&lcmd5=b1647922a14d1e158bda 3c3994920137>.

Arteaga, José Roberto, "¿Por qué México necesita una reforma de los jóvenes?" (1º de diciembre de 2013), *Forbes México*, tomado de <http://www.forbes.com.mx/por-que-mexico-necesita-una-reforma-de-los-jovenes/>.

Barber, Michael, y Mona Mourshed (2007), *How the World's Best-performing School Systems Come Out on Top*, McKinsey & Company, Chicago.

Barlett, Donald L., y James B. Steele (2012), *The Betrayal of the American Dream*, Public Affairs, Nueva York.

Bolio, Eduardo *et al.* (2014), *A Tale of Two Mexicos: Growth and Prosperity in a Two-speed Economy*, McKinsey & Company, México, disponible en <https://www.mckinsey.com/global-themes/americas/a-tale-of-two-mexicos>.

Breene, Keith (14 de noviembre de 2016), "The World's Happiest Countries in 2016", *Medium/World Economic Forum*, tomado de <https://medium.com/world-economic-forum/the-worlds-happiest-countries-in-2016-1151a8952978>.

Castañeda, Jorge G. (2011), *Mañana o pasado: el misterio de los mexicanos*, Aguilar, México.

Castañeda, Jorge G., y Héctor Aguilar Camín (1° de diciembre de 2010), "Regreso al futuro", *Nexos*, México, tomado de <http://www.nexos.com.mx/?p=14042>.

Clear, James (s.f.), "Sapiens by Yuval Harari", James Clear Blog, tomado de <http://jamesclear.com/book-summaries/sapiens>.

Collins, James C., y Jerry I. Porras (1994), *Built to Last: Successful Habits of Visionary Companies*, Harper Business, Nueva York.

Dench, Geoff (4 de octubre de 2012), "Meritocracy and the Fair Society", *Policy Network*, Reino Unido, tomado de <http://www.policy-network.net/pno_detail.aspx?ID=4264&title=Meritocracy-and-the-fair-society>.

Dolan, Kerry A. (30 de marzo de 2011), "Finding Mexico's Missing Billionaires", *Forbes*, Londres, tomado de <http://www.forbes.com/sites/kerryadolan/2011/03/30/finding-mexicos-missing-billionaires/>.

Fernández Carbajal, José Antonio (22 de mayo de 2017), "El futuro es nuestro", *Reforma*, México, tomado de <http://www.reforma.com/aplicacioneslibre/editoriales/editorial.aspx?id=105132&md5=f3115b b7cf6dc855f76686d56ce792db&ta=0dfdbac11765226904c16cb9ad1b 2efe&lcmd5=211cf2456b9171a3699362f6bf2dcc26>.

Flores, Marcela (18 de agosto de 2016), "Desarrollo y desaceleración económica: ¿Chile es un país rico o pobre?", *El Mercurio Online*, Santiago, tomado de <http://www.emol.com/noticias/Economia/2016/08/18/817775/Desarrollo-economico-y-desaceleracion-de-Chile-Es-un-pais-pobre.html>.

Florida, Richard, y Karen M. King (26 de enero de 2016), "Rise of the Global Startup City: The Geography of Venture Capital Investment in Cities and Metros across the Globe", Martin Prosperity Institute, Toronto, tomado de <http://martinprosperity.org/content/rise-of-the-global-startup-city/>.

Franco, Arturo (2016), *El viaje de un innovador. La construcción de la economía del conocimiento en México*, Atlantic Council - Adrienne Arsht Latin America Center, Atlantic Council Publications, Washington.

Franco, Arturo (26 de diciembre de 2016), "El Bueno, el Malo y el Feo: tres casos de marca país", *Animal Político*, México, tomado de <http://www.animalpolitico.com/blogueros-arrancones-en-neutral/2011/12/26/el-bueno-el-malo-y-el-feo-tres-casos-de-marcas-pais/>.

Friedersdorf, Conor (14 de junio de 2012), "The cult of Smartness: How Meritocracy is Failing America", *The Atlantic*, Estados Unidos, tomado de <http://www.theatlantic.com/politics/archive/2012/06/the-cult-of-smartness-how-meritocracy-is-failing-america/258492/>.

Fukuyama, Francis, "'Our Kids: the American Dream in Crisis', by Robert Putnam", *Financial Times*, Nueva York, tomado de <http://www.ft.com/intl/cms/s/0/6b7cd1f0-c1c1-11e4-bd24-00144feab7de.html#axzz3WmyUanw8>.

González Rodríguez, José de Jesús (22 de junio de 2015), "Fuga de cerebros", *En Contexto*, núm. 51, Centro de Estudios Sociales y de Opinión Pública, México, tomado de <http://www5.diputados.gob.mx/index.php/esl/content/download/24444/123517/file/Contexto-No.51_1.pdf>.

Grillo, Ioan (20 de febrero de 2015), "How Mexicans Became Hollywood's Best Directors", *Public Radio International*, tomado de <https://www.pri.org/stories/2015-02-20/how-mexicans-became-hollywood-s-best-directors>.

Grupo Banco Mundial (2017), "INB per cápita, método Atlas (US$ a precios actuales)", tomado de <https://datos.bancomundial.org/indicador/NY.GNP.PCAP.CD>.

Harari, Yuval (2014), *De animales a dioses*, Debate, México.

Hayes, Cristopher (2013), *Twilight of the Elites: America after Meritocracy*, Broadway Books, Nueva York.

Helliwell, John, Richard Layard y Jeffrey Sachs (eds.) (2017), World Happiness Report 2017, Sustainable Development Solutions Network, Nueva York, tomado de <http://worldhappiness.report/ed/2017/>.

Hernández, Sandra (26 de noviembre de 2016), "CDMX, la sexta mejor ciudad para vivir y divertirse", *El Universal*, tomado de <http://

www.eluniversal.com.mx/articulo/metropoli/cdmx/2016/11/26/ cdmx-la-sexta-mejor-ciudad-para-vivir-y-divertirse>.

Hetter, Katia (21 de marzo de 2017), "Where are the World's Happiest Countries?", CNN *Travel*, tomado de <http://edition.cnn.com/2017/03/20/ travel/worlds-happiest-countries-united-nations-2017/>.

Hlufu Wong, Maggie (9 de noviembre de 2015), "Estos son los mejores lugares del mundo para vivir", CNN *en Español*, tomado de <http:// cnnespanol.cnn.com/2015/11/09/estos-son-los-mejores-lugares-del-mundo-para-vivir/>.

Kelly, Donna, Slavica Singer, Mike Herrington y Global Entrepreneurship Research Association (2016), *2015/16 Global Report*, Global Entrepeneurship, tomado de <http://gemconsortium.org/report/49480>.

Kuan Yew, Lee (2000), *From Third World to First: Singapore and the Asian Economic Boom*, Harper Business, Nueva York.

Land, George, y Beth Jarman (1992), *Breakpoint and Beyond: Mastering the Future Today*, Harper Business/University of California, Nueva York.

Levy, Daniel, y Kathleen Bruhn (2001), *Mexico: The Struggle for Democratic Development*, University of California Press, California.

Mayer-Serra, Carlos Elizondo (2011), *Por eso estamos como estamos. La economía política de un crecimiento mediocre*, Debate, México.

Molano, Manuel J. (10 de marzo de 2015), "Dios nos libre de un peluquero sin licencia", *Capital México*, México.

Naím, Moisés (2017), *El fin del poder*, Debate, México.

Newell Garcia, Roberto (5 de marzo de 2017), "El Estado y los moches clientelares", Instituto Mexicano de la Competitividad, México, tomado de <http://imco.org.mx/politica_buen_gobierno/el-estado-y-los-moches-clientelares>.

Notimex (16 de marzo de 2016). "México pierde puestos en informe sobre felicidad 2016", *El Economista*, México, tomado de <https:// www.eleconomista.com.mx/politica/Mexico-pierde-puestos-en-informe-sobre-felicidad-2016-20160316-0125.html>.

O'Neil, Shannon K. (9 de mayo de 2013), "Social Mobility in Mexico", *American Council on Foreign Relations*, Washington, tomado de <http://blogs.cfr.org/oneil/2013/05/09/social-mobility-in-mexico/>.

Obama, Barack (2006), *The Audacity of Hope. Thoughts on Reclaiming the American Dream*, Canongate, Edimburgo.

Parsons, Guy (17 de noviembre de 2016), "Las ciudades más divertidas del mundo", *TimeOut México*, México, tomado de <https://www.timeoutmexico.mx/ciudad-de-mexico/que-hacer/las-ciudades-mas-divertidas-del-mundo>.

Pearlstain, Steven (13 de marzo de 2011), "Dani Rodrik's 'The Globalization Paradox'", *Washington Post*, Washington, tomado de <http://www.washingtonpost.com/wp-dyn/content/article/2011/03/11/AR2011031106730.html>.

Pinker, Steven (2011), *The Better Angels of Our Nature: Why Violence has Declined*, Viking Books, Nueva York.

Plata, Luis Guillermo (2010), *Alcanzando el futuro deseado: transformación productiva e internacionalización de Colombia*, D'Vinni, Bogotá.

Raphael, Ricardo (2014), *Mirreynato: la otra desigualdad*, Temas de Hoy, México.

Rodrik, Dani (2011), *The Globalization Paradox: Democracy and the Future of the World Economy*, W.W. Norton & Company, Nueva York.

____ (7 de junio de 2014), "The Globalization Paradox", *Social Europe*, tomado de <https://www.socialeurope.eu/2014/01/globalization-paradox/>.

Roser, Max (2017), "The Short History of Global Living Conditions and Why it Matters That We Know It", *Our World in Data*, Oxford, tomado de <https://ourworldindata.org/a-history-of-global-living-conditions-in-5-charts/>.

Rubio, Luis (2005), *Una utopía mexicana: el Estado de derecho es posible*, Woodrow Wilson Center International Center for Scholars, Washingtom, tomado de <http://www.wilsoncenter.org/sites/default/files/Mexican_Utopia_Spanish.pdf>.

____ (2017), *A World of Opportunities*, Wilson Center Mexico Institute, México, tomado de <https://www.wilsoncenter.org/sites/default/files/a_world_of_opportunities.pdf>.

____ (3 de septiembre de 2017), "Gobierno *vs.* elecciones", *Reforma*, México, tomado de <http://www.reforma.com/aplicaciones-libre/preacceso/articulo/default.aspx?id=119386&po=3&urlredir

ect=http://www.reforma.com/aplicaciones/editoriales/editorial.
aspx?id=119386&po=3>.

Salinas de Gortari, Carlos (2000), *México: un paso difícil a la modernidad*, Plaza & Janés Editores, México.

Schettino, Mario (2014), *El fin de la confusión*, Paidós, México.

Seligman, Martin (2012), *Flourish: A Visionary New Understanding of Happiness and Well-being*, Simon & Schuster, Nueva York.

Strawson, Galen (11 de septiembre de 2014), " 'Sapiens': A Brief History of Humankind by Yuval Harari", *The Guardian*, Londres, tomado de <https://www.theguardian.com/books/2014/sep/11/sapiens-brief-history-humankind-yuval-noah-harari-review>.

Székely, Ágata (25 de enero de 2015), "Filantrocapitalismo: la estrategia (no gratuita) de dar", *Forbes México*, México, tomado de <http://www.forbes.com.mx/filantrocapitalismo-la-estrategia-no-gratuita-de-dar/>.

Trachtman, Joel P. (2013), "Review Essay: The Antiglobalisation Paradox - Freedom to Enter Into Binding International Law is Real Freedom", *The World Economy*, vol. 36, núm. 11, pp. 1442-1454, DOI:10.1111/twec.12101.

Ugalde, Luis Carlos (1º de febrero de 2015), "¿Por qué más democracia significa más corrupción?", *Nexos*, México, tomado de <http://www.nexos.com.mx/?p=24049>.

Woldenberg, José (6 de diciembre de 2014), "Democracia y desesperanza", *Letras Libres*, México, tomado de <http://www.letraslibres.com/revista/dossier/democracia-y-desesperanza?page=full>.

Young, Michael (1964), *El triunfo de la meritocracia 1870-2033: ensayo sobre la educación y la igualdad*, Tecnos, Madrid.

RECURSOS

Base de datos de la OCDE sobre distribución del ingreso y pobreza: <https://www.oecd.org/social/income-distribution-database.htm>.

Reporte del Foro Económico Mundial para la brecha global del ingreso por género, 2016: <http://www3.weforum.org/docs/GGGR16/WEF_Global_Gender_Gap_Report_2016.pdf>.

Reporte del Foro Económico Mundial sobre el índice de competitividad global 2017-2018: <http://reports.weforum.org/global-competitiveness-index-2017-2018/>.

Reporte del Foro Económico Mundial sobre capital humano, 2016: <http://reports.weforum.org/human-capital-report-2016/>.

Reporte del índice de bienestar de la OCDE, 2015: <http://www.keepeek.com/Digital-Asset-Management/oecd/economics/how-s-life-2015_how_life-2015-en#page1>.

Reporte del panorama del empleo de la OCDE, 2016: <http://www.keepeek.com/Digital-Asset-Management/oecd/employment/oecd-employment-outlook-2016_empl_outlook-2016-en#page1>.

Reporte del Banco Mundial sobre la competitividad de las ciudades para el empleo y el crecimiento económico: <http://documents.worldbank.org/curated/en/902411467790995484/pdf/101546-REVISED-Competitive-Cities-for-Jobs-and-Growth.pdf>.

Índice de ciudades más divertidas del mundo según *Time Out*, 2016: <https://www.timeout.com/london/things-to-do/time-out-city-index-2016-worlds-most-fun-cities>.

Agradecimientos

Muy especialmente queremos agradecer a Arturo Franco, quien nos ayudó a coordinar todo el esfuerzo de edición de este libro para unificar una propuesta transformadora para el México que queremos.

Gracias también a aquellas personas que con sus ideas nos ayudaron a enriquecer esta obra, entre ellos, a Alejandro García, Raúl Rodríguez, Hernán Montfort y a José Ángel Flores, quien nos cedió la marca *Un México posible*.